H.-Georg Lützenkirchen
Teilhabe und Partizipation

Impressum:
H.-Georg Lützenkirchen, Teilhabe und Partizipation. Spielen
und Verantwortung: Fußball für Toleranz. Vom Spiel zur Teilhabe: Der Generationendialog. Zwei Modelle

Band 1 der Reihe
„Mitspielen.Mitreden.Mitgestalten – Über Fußball zur Teilhabe. Anstöße",

herausgegeben von Rheinflanke Köln, (Rheinflanke gGmbH)
Köln 2012.
www.rheinflanke.com/

Umschlagentwurf: Jana van Thiel
Titelbild: Inga Geiser
Herstellung und Verlag: BoD-Books on Demand, Norderstedt

ISBN 978-3-8482-5257-2

H.-Georg Lützenkirchen

Teilhabe und Partizipation.

Spielen und Verantwortung: Fußball für Toleranz.
Vom Spiel zur Teilhabe: Der Generationendialog.

Zwei Modelle

Mitspielen.Mitreden.Mitgestalten – Über Fußball zur Teilhabe. Anstöße

herausgegeben von Rheinflanke Köln

Rheinflanke gGmbH

Diese Schriftreihe wird gefördert vom

Ministerium für Familie, Kinder, Jugend, Kultur und Sport des Landes Nordrhein-Westfalen

Vorwort

Die RheinFlanke ist ein anerkannter Träger der Jugendhilfe mit Sitz in Köln. Sie vereint zurzeit die Projekte Köln kickt, Bedburg mobil, Bonn mobil, Bornheim mobil, Grevenbroich mobil und Meckenheim mobil.

Die Angebote der RheinFlanke richten sich an sozial und gesellschaftspolitisch benachteiligte Kinder und Jugendliche, die überwiegende Mehrzahl von ihnen mit Migrationshintergrund.

Die Angebote zielen darauf, die Stärken der Jugendlichen zu erkennen und zu stärken. Sie unterstützen die Kinder und Jugendlichen dabei, ihren Weg in die Gesellschaft zu schaffen.

Dabei ist der Sport, speziell der Fußball, ein zentrales Element. Über das Spiel finden die Jugendlichen zueinander, eignen sich im Miteinander soziale Kompetenzen an und entwickeln Verantwortung und Handlungskompetenz. Über den Sport lassen sich zudem weiterführende Angebote zur Persönlichkeitsstärkung und Bildung vermitteln, die geeignet sind, die Jugendlichen zur aktiven Teilhabe in der Gesellschaft zu befähigen.

Dieses Programm kommt im Motto der RheinFlanke zum Ausdruck: „mitspielen.mitreden.mitgestalten".

Mit der gleichnamigen neuen Reihe wollen wir nun einen Schritt weiter gehen. In unregelmäßiger Folge wollen wir die Reihe als Forum nutzen, um Arbeitsansätze und Erfahrungen zu veröffentlichen und sie für den Fachdiskurs verfügbar zu machen.

Dabei bietet die neue Reihe die Möglichkeit, die eigene Arbeit in einen Zusammenhang zu stellen, in dem ebenso theoretische Grundlagen wie auch gesellschaftspolitische Rahmenbedingungen der Jugendarbeit zu reflektieren sind. Die Beiträge möchten dazu anregen, Kooperationsstrukturen in die Bereiche des Politischen, der politischen Bildung, der Kultur, der Wirtschaft auszubauen und Impulse für eine innovative Netzwerkarbeit geben.

Der erste Band unserer Reihe beschäftigt sich mit zwei praktischen Modellen, in denen Sport und Spiel in jeweils eigener Weise dazu beitragen, die Jugendlichen in ihren Potentialen zu stärken und sie zu aktiver Teilhabe anzuregen. „Fußball für Toleranz" kann dabei schon als ein bewährtes 'Format' angesehen werden. Mit dem „Generationendialog" entwickelt die Rheinflanke ein neuartiges Format zur aktiven Beteiligung von Kindern und Jugendlichen an gesellschaftlichen Fragestellungen.

Christoph Bex
Sebastian Koerber
Geschaftsführer RheinFlanke Köln

Inhaltsverzeichnis

Zwei Modelle – Einführung

„Partizipation" ist ein zuweilen etwas übereifrig benutzter Begriff. Übereifrig deshalb, weil oft nicht klar ist, was genau sich hinter dem Begriff verbirgt. Formuliert er eine Forderung? Einen Anspruch? Eine Notwendigkeit? Ein Defizit?

Alles möglich. Dabei steht außer Zweifel, dass wohlverstandene Partizipation eine Grundvoraussetzung für eine lebendige Zivilgesellschaft ist. Nur wer sich 'beteiligt' kann Einfluss nehmen. Oder, in Abwandlung eines Wortes von Max Frisch: wer sich nicht beteiligt, überlässt anderen die Entscheidungen darüber, wie die Gesellschaft aussieht. Max Frisch meinte insbesondere eine politische Beteiligung.

Aber die direkte politische Beteiligung ist nur eine Form der Partizipation. Sie beginnt tatsächlich viel früher. Sie beginnt als Teilhabe dort, wo es darum geht, allen Menschen den Zugang zu Bildung, Kultur, Sport – kurzum zu allen gesellschaftlichen Bereichen überhaupt erst möglich zu machen. Wer aus sozialen und anderen Gründen keinen Bildungschancen hat, wird auch kaum Möglichkeiten der aktiven Teilhabe an der Gesellschaft entwickeln können (und wollen). Im Gegenteil: die verpassten Bildungs- und Ausbildungschancen erhöhen das Risiko in ein soziales Abseits zu geraten, wo Partizipation endgültig zu einem Fremdwort wird.

In einem Land, in dem die Teilhabechancen skandalöserweise immer noch sehr an die sozialen Lebensverhältnisse der Menschen gekoppelt sind, besteht die Gefahr, dass viele Menschen allein aus diesen Gründen an Teilhabe gehindert werden. In dem Maße, wie Teilhabe 'kostet', werden Menschen in sozial angespannten Lebensverhältnissen ausgeschlossen. Das betrifft besonders die Kinder und Jugendlichen. Ihre Teilhabechancen verringern sich in dem Maße, wie sie gesellschaftlich und sozial 'benachteiligt' sind. Im schlimmsten Fall drohen sie von der Mehrheitsgesellschaft vollständig abgehängt zu werden. Deren 'Angebote' erreichen sie nicht mehr.

Umso wichtiger ist es, dass es betreuende und 'bildende' Angebote gibt, die auch diese Kinder und Jugendlichen als Persönlichkeiten wahrnehmen und stärken. Nur so kann man die Potentiale und

Kompetenzen der Jugendlichen erkennen und würdigen. Es stellt sich heraus, dass über diese vorhandenen Potentiale Teilhabe hergestellt werden kann. Freilich, es braucht Unterstützung.

Hierbei kann der Sport eine entscheidende Rolle spielen. Insbesondere der Fußball bietet ein niederschwelliges Angebot, mit dem Jugendliche angesprochen werden können.

Dies nutzt das bewährte Projekt „Fußball für Toleranz", das die RheinFlanke in Kooperation mit Kölner Schulen durchgeführt hat. Bewährt deshalb, weil es inzwischen auf vielfältige auch internationale Erfahrungen („Streetfootballworld") zurückgreifen kann. „Fußball für Toleranz" ist ein geeignetes Modell, um soziale Handlungskompetenz und Verantwortung zu vermitteln und einzuüben.

Soziale Kompetenz und Verantwortung sind Voraussetzungen für eine Teilhabe, die im Sinne eines politisch bildenden Ansatzes die Jugendlichen nun auch zu aktiven Akteuren in der Gesellschaft machen möchte. Dies leistet das Modell „Generationendialog", indem es Gesprächssituation mit EntscheidungsträgerInnen herstellt, in denen die Jugendlichen 'Experten' in ihren Angelegenheiten sind.

Die beiden Modelle werden in diesem Band vorgestellt. Die Texte entstanden als jeweils einzelne Auswertungstexte zu den Projekten. Indem sie hier zusammengeführt werden, sollen sie auch auf einen wichtigen Zusammenhang verweisen: die Modelle bauen aufeinander auf. „Fußball für Toleranz" schafft Voraussetzungen, die den „Generationendialog" möglich machen.

Die Texte wurden für die vorliegende Publikation nur unwesentlich bearbeitet.

Modell 1

Spielen und Verantwortung: Fußball für Toleranz

Fußball ist ein wesentlicher Bestandteil unseres gesellschafts(politischen) Lebens. Aus seiner herausgehobenen Bedeutung als Sportart ergibt sich seine Verantwortung für die Gestaltung des gesellschaftlichen Miteinanders. Immer hat der Fußball, wie es Walter Jens in seiner berühmten Festrede zum 75 jährigen Jubiläum des DFB einstmals deutlich anmahnte, „konkret wie er ist, seine Geschichte und seinen Gesellschaftsbezug(...): Dass er ein Politikum bildet, dass er als Politikum erkannt werden will... Er gehört zu unserer Gesellschaft." Was damals eine aufrüttelnde Bemerkung gegen die 'unpolitische' und vermeintlich neutrale Denkweise vieler Sportfunktionäre war, ist heute unbestritten: der Fußball hat eine soziale und gesellschaftspolitische Dimension[1].

Die soziale und gesellschaftspolitische Dimension des Fußballs wirkt sich in zweierlei Hinsicht aus. Zum einen ist der Fußball in all seinen Erscheinungen immer auch ein Abbild der Gesellschaft. Soziale und gesellschaftliche Prozesse wirken auf den Fußball und machen ihn zu einem integrativen Teil der Gesellschaft. Zum anderen aber kann der Fußball selbst mit seinen Mitteln auf vielfältige Art und Weise soziale und gesellschaftspolitische Fragen mitgestalten.

Das bedingt zwangsläufig eine soziale und gesellschaftspolitische Verantwortung. Der Fußball kann nicht nur einwirken - im Sinne dieser Verantwortung muss er es. Er ist ein bedeutender zivilgesellschaftlicher Akteur. Im Bereich des verbandsorientierten Fußballs ergibt sich diese Verantwortung schon aus der einzigartigen Infrastruktur des Fußballs: die Vielzahl von Vereinen und ihre ehrenamtlichen Mitarbeiter erreichen viele Menschen, vor allem Jugendliche. „Die Amateurvereine," meint der Sportwissenschaftler Dieter H. Jütting, „sind der 'big player' unter den zivilgesellschaftlichen Organisa-

---

[1] Dieser Begriff ist umfassend gemeint und bezieht beispiels-weise die drei Dimensionen des Sports nach Gunter A. Pilz mit ein. Pilz nennt die naturale, die personale und soziale Dimension. Pilz, Gunter A.: Gewaltprävention durch Sport - aber wie? PDF-Dokument, o.J. s.S. 3f..

tionen in Deutschland...“[2] Anders ausgedrückt: der Fußball ist eine entscheidende Sozialisationsinstanz.

Ein Weiteres kommt hinzu: Fußball lässt sich überall mit geringem Aufwand spielen. Die 'Sprache' des Fußballs ist allgemeinverständlich. Sie führt wie kaum eine andere Sportart vergleichsweise schnell und unkompliziert Menschen ganz unterschiedlicher Art zusammen. Man braucht nur an einem normalen Sonnentag in irgendeiner Stadt an einer Grünanlage zu stehen: Fußball wird mit Sicherheit gespielt.

Diese besonderen Qualitäten des Fußballs machen sich auch die vielen Projekte der Streetfootball-Bewegung zu Nutze. „Straßenfußball für Toleranz" ist in diesem Zusammenhang eine bewährte Methodik, die die skizzierten Vorteile des Fußballs mit persönlichkeitsfördernden Zielen in Einklang bringt.[3] Über den Spaß am Spiel binden diese Projekte bestimmte Zielgruppen.

In diesem Sinne nutzt auch die RheinFlanke in ihren unterschiedlichen Projekten zur Unterstützung und Förderung von Kindern und Jugendlichen den Fußball als effektiven Motor und Katalysator. Der Fußball führt Kinder und Jugendliche zusammen, darunter vor allem solche, die aufgrund ihrer ethnischen Herkunft, ihrer sozialen Situation und/oder fehlender Bildungschancen in dieser Gesellschaft benachteiligt sind. Im 'Team' erwerben sie soziale Kompetenzen und erfahren so alternative soziale Wirklichkeiten. Über den Fußball lassen sich Brücken bauen, über die für die Jugendlichen ein Weg in die Gesellschaft führt.

Diese Arbeit wirkt in zweierlei Hinsicht: zum einen verbessert sie die gesellschaftlichen Teilhabechancen der teilnehmenden Kinder und Jugendlichen durch gezielte Unterstützungs- und Qualifizierungsmaßnahmen. Zum anderen wirkt sie gesellschaftspolitisch, indem sie

---

[2]   Zitiert nach: Brandhofer, Bernhard, Fußball, Politik und Medien, in: Praxis Politische Bildung. 10. Jg. 2006, H. 2, S. 126-133, s.S. 127.

[3]   Beispielhaft benannt seien hier „ballance hessen – Fußball für Integration, Toleranz und Fair Play". Im Internet: http://www.ballance-hessen.de/default.php?c=371 (Aufruf am 30.11.2012). „Straßenfußball für Toleranz" der Brandenburgischen Sportjugend. Im Internet: http://sportjugend-bb.de/deutsch/sozial-engagiert/strassenfussball (Aufruf am 30.11.2012).

präventive Effekte erzielt, etwa im Rahmen der Gewaltprävention, der Abwehr rassistischer Einstellungen, oder der Vorbeugung gegen Rechtsextremismus.

In diesem Sinne versucht auch das Kölner Projekt „Fußball für Toleranz" den Fußball zu nutzen, um vorhandene Potentiale der Kinder und Jugendlichen zu erkennen, sie zu stabilisieren und zu fördern. Kooperationspartner sind dabei Kölner Schulen.

Im Verständnis der RheinFlanke ist auch das Projekt „Fußball für Toleranz" kein singuläres Projekt. Es ist eingebunden in die sonstigen Projekte der RheinFlanke. Das bedeutet, dass die Ansätze, die den Fußball zur Motivation und zur Initiierung von weiteren Prozessen nutzen, erst dann 'Wirkung' erzielen, wenn es gelingt, sie in eine gesamtgesellschaftlich integrative Perspektive einzubinden. Es muss sichergestellt sein, dass die speziellen 'Fußballerfahrungen', die die Teilnehmenden in den Projekten machen, nicht isoliert bleiben, sondern ein Transfer in andere gesellschaftspolitische Bereiche, in denen die sozial-integrativen Erfahrungen produktiv zu nutzen sind, stattfinden kann. Im Sport erworbene Fähigkeiten wie Teambewusstsein, soziale Rücksichtnahme, Verantwortungsgefühl können aber Voraussetzungen für weitere Qualifizierungen sein, die insbesondere die Chancen auf dem Arbeitsmarkt unmittelbar verbessern können.

Das begründet die Bemühungen der RheinFlanke, ein Netzwerk aus unterschiedlichen Akteuren der Kinder- und Jugendarbeit aus Politik, Wirtschaft und Kultur aufzubauen und zu unterhalten. In dieses Netzwerk ist jedes Einzelprojekt eingebunden. So ergeben sich für die teilnehmenden Jugendlichen über die einzelnen Projekte hinaus zusätzliche Chancen der Beteiligung. Wenn also nach Beendigung des Projekts „Fußball für Toleranz" einige Jugendliche die Absicht äußern, an weiteren Aktivitäten der RheinFlanke teilnehmen zu wollen, dann ist dies eine Bestätigung dieses integrativen Verständnisses der eigenen Projektarbeit.

Projektbeschreibung/ -ablauf

Auf dem genannten Mehrwert des Fußballs fußt auch das Projekt „Fußball für Toleranz" (FfT). Absicht des Projekts war es, „Schüler und Schülerinnen durch das Medium Fußball in deren Persönlich-keitsentwicklung zu stärken", und sie zu aktivieren, „eine aktiv parti-zipierende Rolle" einzunehmen, „indem sie dem Fair-Play-Gedanken dieser Methode verinnerlichen."[4]

Grundgedanke der „Fußball für Toleranz"-Methode ist, dass die Teil-nehmenden die Regeln, nach denen sie spielen, selbst verabreden. Gemeinsam mit dem Teamer einigen sich die miteinander spielen-den Teams auf die Regeln, der Teamer notiert sie und achtet wäh-rend des Spiels auf die Einhaltung der Regeln. Die Beobachtung wird nach den Spielen mit den Mannschaften ausgewertet.

Die Regeln müssen dabei nicht 'neu erfunden' werden. Als Orientie-rung dienen Grundregeln, die sich in vielen Straßenfußball-Projekten bewährt haben:[5]

Fair-Play-Regeln:
1. Shakehands, wenn Schiedsrichter auf Foul entscheidet
2. Mündliche Verwarnung nach Foul, Beleidigung oder Unsportlichkeit. Bei einem weiteren Vergehen erhält der/die betroffene Spieler/in eine Zwei-Minuten-Zeitstrafe
3. Grobes Foulspiel und Tätlichkeiten werden mit einer Zwei-Minuten-Zeitstrafe für das Team und einer Spieldauerstrafe plus ein Spiel Sperre für den/die Spieler/in bestraft
4. Schiedsrichterbeleidigungen sind grobe Unsportlichkeiten und werden wie diese bestraft
5. Körperliche Gewalt führt zum sofortigen Ausschluss vom Turnier.

Spielregeln:

1. Vor dem Spiel treffen sich beide Teams in der Mitte
2. Grätschen ist nicht erlaubt. Der Torwart darf mit einer Grätsche den Ball abwehren, wenn dabei kein/e Gegenspieler/in gefährdet wird

---

[4] So formuliert in der Ausschreibung für Kölner Schulen: Die Methode „Fußball für Toleranz", Projektmaterialien.
[5] Hier in der Fassung der „Köln kickt"-Straßenfußball-Liga.

3. Tore dürfen nur aus der gegnerischen Hälfte erzielt werden
4. Bei allen Standardsituationen ist ein Abstand von drei Metern zu halten
5. Alle Freistöße sind indirekt auszuführen
6. Nach Toraus wird der Ball vom Torwart mit der Hand zurück ins Spiel gebracht
7. Der Torwart darf den Ball nicht über die Mittellinie abwerfen
8. Bei Seitenaus wird der Ball eingerollt
9. Der Torwart darf den Ball nicht in die Hand nehmen, wenn ein Mitspieler ihn mit dem Fuß zurück gespielt hat (Rückpassregel)
10. Der Torwart darf im laufenden Spiel nicht gewechselt werden
11. Der Torwart darf den Strafraum nur zur Verteidigung verlassen
12. Nur absichtliches Handspiel wird abgepfiffen
13. Es wird ohne Abseits gespielt

Zielgruppe des Gesamtvorhabens waren SchülerInnen der 5. und 6. Klasse sowie der 9. und 10. Klasse.

Letztere waren auch die Zielgruppe für die im Mittelpunkt des Projekts stehende Teamerausbildung. Sie sollten die Fußballturniere für die jüngeren SchülerInnen verantwortlich betreuen. Über diese sollten die jüngeren SchülerInnen neben dem sportlichen Erfolg auch und besonders die Erfahrung von Fair Play, gegenseitigem Respekt, miteinander Reden und Zuhören, Streiten ohne Gewalt, Selbstverantwortung bei der Einhaltung der verabredeten Regeln u.a. machen.

Fußball für Toleranz sucht diese Kinder und Jugendlichen in ihren Stadtteilen auf. Die Partner sind dabei in erster Linie die Schulen in den Stadtteilen.

Die Partnerschulen waren[6]:

---

6 Die Schulen im Internet: http://www.wbgs-koeln.de; http://www.igs-kathi.de; http://www.jac-koeln.de; http://www.hauptschule-nikolaus-kopernikus.de; http://www.griechenmarkt.de (Aufrufe jeweils am 30.11.2012).

- die Willy-Brandt-Gesamtschule in Köln-Höhenhaus
- die Katharina-Henoth-Gesamtschule in Köln-Höhenberg
- die Johann-Amos-Comenius-Schule (JAC) in Köln-Zündorf
- die Hauptschule Kopernikus in Köln-Porz
- die Hauptschule Großer Griechenmarkt in Köln (Innenstadt).

An den Schulen war jeweils ein Ansprechpartner für das Projekt zuständig.

An allen Schulen fanden in der Zeit von Oktober bis November 2011 vier jeweils doppelstündige Teamerausbildungstermine statt.

In der Zeit von November 2011 bis Januar 2012 fand an allen Schulen ein Turniertag statt.

Das Endturnier fand am 02. Februar 2012 statt.

Das Leitungsteam

Verantwortlicher Leiter des Projekts war von der RheinFlanke José Londij.

Ständige Mitarbeiter waren Sandro Bergs und Grischa Wirths, zu diesem Zeitpunkt Auszubildende bei der RheinFlanke. Bei den Turnieren unterstützen weitere MitarbeiterInnen der RheinFlanke den Ablauf.

Seitens der Schulen wurden Ansprechpartner aus dem Lehrkörper benannt (zumeist Sportlehrer). Sie hatten aber keine projektleitenden Funktionen.

Methodische Grundlagen

Das Projekt sprach zwei unterschiedliche Altersgruppen an. Für beide Gruppen gilt dabei zunächst: sie müssen sich hin einem „gemischten Team" zusammenfinden. Jungen und Mädchen spielen also gleichberechtigt in einem Team – und gegen gleichfalls gemischte Teams.

Die avisierte Lernerfahrung zielt also sowohl auf die immanente Teamerfahrung und Teambildung wie auch auf den Umgang im Spiel selber. Im Miteinander und Gegeneinander hatten sich die Teams und die Teammitglieder zu bewähren.

Die so erfahrenen Soft Skills waren inhaltlicher Schwerpunkt für die jüngere Gruppe der Teilnehmenden.

Für die ältere Teilnehmendengruppe kam eine weitere Herausforderung hinzu. Sie konnten sich als „Teamer" (gemeint ist mit diesem Begriff sowohl der männliche Teamer als auch die weibliche Teamerin) qualifizieren. In der Rolle des Teamers sollten sie zusätzliche Verantwortung übernehmen und dadurch lernen, ihre eigenen Handlungskompetenzen zu erkennen, zu erweitern und zu vertreten. Das sollten sie insbesondere während der Turniere leisten.

In einer „Dialogzone" am Spielfeldrand trafen sie sich vor den Spielen jeweils mit den Teams, um mit ihnen gemeinsam die Fair-Play-Regeln auszuhandeln. Nach dem Spiel wurde in den Dialogzonen die Auswertung der Einhaltung dieser Regeln mit den Teams besprochen, um die Fair-Play-Punkte letztlich einvernehmlich zu verteilen. Was nicht unwichtig ist, denn die Fair-Play-Punkte werden zum sportlichen Ausgang des Spiels hinzugezählt.[7] Hier können also Konflikte entstehen. Die Teamer sollten lernen, diese Konflikte vor allem mit Kommunikationskompetenz (Ausreden lassen, Zuhören können, Feedback geben) zu schlichten bzw. gar nicht erst entstehen zu lassen.

Insgesamt zielte das Teamerprogramm darauf, Lernerfahrungen in den Bereichen Toleranz, Respekt, Dialogfähigkeit, interkulturelle Verständnis, Konfliktfähigkeit, Teilhabe und die Übernahme von Verantwortung zu ermöglichen.[8]

---

[7] Es gibt „Torpunkte" (3=Sieg; 1=Remis; 0=Niederlage) und „Fair-Play-Punkte" (3=alle Regeln eingehalten, sehr fair; 2=nur eine Regel nicht eingehalten; 1=zwei Regeln nicht eingehalten; 0=mehr als zwei Regeln nicht eingehalten). Eine zusätzliche Kategorie war „Gutes Benehmen außerhalb des Platzes". Wer hier negativ auffiel, konnte auch nachträglich noch Fair-Play-Punkte abgezogen bekommen.

[8] Ausschreibung für Kölner Schulen: Die Methode „Fußball für Toleranz".

Im Zentrum: die Teamerausbildung[9]

„Ein Teamer ist ein Vorbild und trägt eine pädagogische Verantwortung. Vorbild bedeutet hier, die sozialen Werte, die der Teamer von den Spielern verlangt, selbst zu erfüllen und danach zu handeln."[10]

Um dieses Ziel zu erreichen haben, werden die Teamer für folgende Aufgaben qualifiziert:

a) Spielbeobachtung

Vor der Spielbeobachtung handelt der Teamer mit den beiden Teams die geltenden Fair-Play-Regeln aus. Ihm obliegt nun die Beobachtung des Spiels im Hinblick auf das Einhalten dieser Regeln. Hierzu gehört zum Beispiel: Respekt gegenüber Gegner, SchiedsrichterInnen, MitspielerInnen und ZuschauerInnenn; keine Beleidigungen; kein Streit im eigenen Team; keine Zeitverzögerung; Aufhelfen und Entschuldigung nach Foul; Abklatschen vor der Fair-Play-Punktevergabe; 'gutes Benehmen' auf dem Platz und außerhalb.

Moderation/Vermittlung

Der Teamer soll mit beiden Teams ständigen Kontakt halten. Dabei soll er im Zweifelsfall Unklarheiten aufklären und bei Meinungsverschiedenheiten als „Moderator und Vermittler" agieren. Voraussetzung für diese Fähigkeit ist, dass er selbst die Fair-Play- und die Spielregeln von „Köln kickt" kennt.

Kommunikation anregen

Bei seinen Vermittlungsanstrengungen soll der Teamer auch dazu beitragen, dass die 'Parteien' sich sachlich und argumentativ auseinandersetzen.

Analyse und Bewertung des Spiels und der SpielerInnen

---

[9]   Hierzu: Köln kickt/ Rheinflanke gGmbH: Skript zur Teamerausbildung, Script, 18 Seiten. Vergleichbar im Übrigen: Die Rolle des Teamers beim „Straßenfußball für Toleranz", http://sportjugend-bb.de/deutsch/sozial-engagiert/strassenfussball/teamer (Aufruf am 05.03.2012).

[10]   Script zur Teamerausbildung, S. 2.

Der Teamer beobachtet das Spiel und stellt seine Beobachtungen im Gespräch zur Fair-Play-Punktvergabe den SpielerInnen vor. Wichtige Schwerpunkte der Beobachtung sind u.a.: Wird aggressiv gespielt und wie? Achten die SpielerInnen darauf, wie sie miteinander umgehen? Auch der sportliche Aspekt ist wichtig: haben die Teams eine taktisch-strategische Ordnung oder Idee? Hier kann der Teamer Tipps und Hinweise geben, was ihn in seiner Rolle als Vorbild positiv verstärkt. Auch begründetes Lob und Kritik an einzelne SpielerInnen oder die Teams stärken die Vorbildfunktion des Teamers.

b) Kommunikationskompetenz

Die benannten Aufgaben des Teamers gründen auf Kommunikationskompetenz.

Umgang mit SpielerInnen

Im Umgang mit den SpielerInnen ist es deshalb wichtig, eine positive, offene, freundliche und hilfsbereite Grundeinstellung zu haben.

Ansprache bei Fair-Play-Punktevergabe

Bei den Gesprächen mit den Teams zur Fair-Play-Punktevergabe gelten allgemeine Kommunikationsregeln, wie z.B. Aufmerksamkeit herstellen; Blickkontakt herstellen; deutliche Ansprache; Wortmeldungen statt Durcheinanderreden; Zuhören; Feedback anbieten; Nachfragen stellen, Sachverhalte im Gespräch weitgehend 'aufklären'; keine 'einsamen' Entscheidungen treffen.

Argumentieren bei der Punktevergabe

Bei der Punktevergabe fragt der Teamer zunächst die Teams, wie viele Punkte sie jeweils dem gegnerischen Team geben würden. Diese Punktevergabe muss begründet werden. Erst danach stellt der Teamer seine Punktevergabe vor. Weichen die Vorschläge zur Punktevergabe voneinander ab, wird diskutiert. Der Teamer trifft schließlich die (begründete) Entscheidung.

Beziehungsarbeit außerhalb des Platzes

Auch außerhalb des Platzes soll der Teamer auf die Teilnehmenden zugehen. Das stärkt seine Akzeptanz als Teamer und baut 'Fremdheitsgefühle' ab.

Argumentieren

In der argumentativen Auseinandersetzung soll der Teamer grundlegende Kommunikationsregeln kennen und anwenden, wie z.b. Zuhören, Ausreden lassen, Nachfragen stellen, sachlich argumentieren und persönliche 'Wertungen' vermeiden.[11]

c) Streitschlichtung

Bei Streitigkeiten soll der Teamer schlichtend eingreifen können. Auf der Grundlage der allgemeinen Kommunikationsregeln soll er u.a. lernen, die Streitenden auseinander zu halten und sie zu beruhigen. Die Teamer sollen möglichst darauf achten, die Situationen so zu gestalten, dass die Parteien miteinander reden können. Der Teamer moderiert, versucht die Postionen der Streitenden zusammenzufassen und zu 'beurteilen', um dann ein Versöhnungsangebot zu machen. Nötigenfalls helfen auch Appelle. Der Teamer soll auch seine und die Körpersprache der Streitenden einschätzen können.

Die theoretischen Grundlagen für die Teamerausbildung wurden an den Schulen in vier doppelstündigen Unterrichtseinheiten vermittelt[12]:

1. Thema Fair-Play: Sensibilisierung und Einstellungen; Thema Vorbild: Was sind Vorbilder? Habt ihr Vorbilder? Warum?
2. Rolle und Aufgaben des Teamers während der Turniere
3. Fragen zum Teamer: hierzu wurde zunächst ein zusammenfassendes Skript verteilt. Anschließend wurden Fragen gestellt, die die Teilnehmenden schriftlich

---

[11] Kommunikationsregeln (nach Ruth Cohn) im Anhang.

[12] Eine umfangreiche Darstellung des Ablaufs liegt in Form des vom durchführenden Team selbst verfassten „Projektbericht der Fußball für Toleranz Tour" vor, der in der Anlage beigefügt ist.

beantworten sollten.

4. Praktische Übungen: hierzu wurde ein 'Miniturnier' an der eigenen Schule 'organisiert'.

Zum Abschluss der Unterrichtseinheiten wurde ein Ausflug in eine Soccerhalle unternommen, an dem alle Teamer aus allen Schulen teilnahmen.

Turniere

Nach der Teamerausbildung an den Schulen fanden an allen fünf Schulen Fußballturniere statt:

24.11.2012: Willy-Brandt Gesamtschule
29.11.2012: Katharina-Henoth-Gesamtschule
09.12.2012: Johann-Amos-Comenius Hauptschule
12.12.2012: Kopernikusschule Hauptschule
21.12.2012: Großer Griechenmarkt Hauptschule

Ein finales Turnier mit den beiden jeweils bestplatzierten Teams der Qualifikationsturniere in den Schulen fand am 02.02.2012 statt.

Auswertung/Bewertung

Auch das Kölner Projekt „Fußball für Toleranz" funktioniert unmittelbar über die drei zentralen Dimensionen des Sports.[13]

In der „naturalen Dimension" machen die die Teilnehmenden als Sporttreibende eine körperliche Erfahrung. Dieses „Bewegungshandeln" gelingt nur dann erfolgreich miteinander, wenn für alle Beteiligten die körperliche Unversehrtheit gewahrt bleibt. Das bedeutet: Fairness und Respekt vor der Gesundheit des anderen.

Dies leitet unmittelbar in die „personale Dimension" über. Insofern die Wahrung der körperlichen Unversehrtheit auch Ausdruck vor der Würde des Anderen ist, anerkennt sie ihn als Persönlichkeit, die sich im Sport in der Einheit von Körper, Seele und Geist ausdrückt. Das

---

[13] Das Folgende vergl.: Pilz, Gewaltprävention durch Sport - aber wie? S. 3 und 4.

20

bedeutet: der Sport schafft Voraussetzungen zur Persönlichkeitsentwicklung.

Im Sport geschieht dies mit anderen. Wettkampf, Kooperation, Konkurrenz, Teamerfahrungen sind Aspekte der „sozialen Dimension". Das bedeutet: Es geht nicht ohne den Anderen!

Kooperation mit den Schulen

Ein allgemeiner Indikator zur Bewertung des Erfolgs (Misserfolgs) des Projekts ist die Erreichung der jugendlichen Zielgruppe. Um diese zu erreichen, war die Kooperation mit Schulen erforderlich. Dabei müssen die Schulen den Mehrwert der Projektkooperation für sich (Image der Schule) sowie für die SchülerInnen anerkennen. Zudem müssen sie Ressourcen und Logistik bereitstellen.

Das Kölner Projekt „Fußball für Toleranz" wurde in der Gesprächsrunde „Kölner Bündnis für Gesundheit" vorgestellt. In diesem Bündnis kooperiert die Stadt Köln mit verschiedenen Akteuren im Feld, wie z.B. der Sporthochschule Köln, dem StadtSportBund Köln sowie unterschiedlichen Praxis-Projekten, „um gemeinsam die Lebenswelt von - vor allem sozial benachteiligten - Kindern und Jugendlichen nachhaltig gesundheitsfördernd zu gestalten".[14] Partner in diesem Bündnis ist auch die RheinFlanke.

Im Anschluss an die Vorstellung konnten sich die Schulen für eine Teilnahme bewerben. Im Rahmen des Bündnisses konnten sich die Schulen auf bewährte Kooperationsstrukturen und -erfahrungen verlassen. Der Partner RheinFlanke als durchführende Einrichtung des Projekts war/ist als verlässlicher Partner ausgewiesen. So konnte ein gegenseitiges Vertrauensverhältnis zwischen den Schulen und der projektverantwortlichen Einrichtung aufgebaut werden.
Im Ergebnis unterstützten die Schulen, die ihrerseits jeweils Kontaktpersonen abstellten, die Maßnahmen aktiv und konstruktiv (Auswahl der SchülerInnen, logistische Vorbereitungen).

---

[14] Im Internet:
http://www.bildung.koeln.de/regionale_projekte/gesunde_lebenswelten/ (Aufruf am 30.11..2012

Das Projekt fand während der Schulzeit statt. Die Teamer waren von ihren normalen Verpflichtungen (Sport AG) freigestellt und konnten zur Teamerausbildung gehen.

Trotz dieser auch aus organisatorischen Gründen notwendigen 'Nähe' zur jeweiligen Schule, ist es wichtig, den außerschulischen Charakter des Projekts zu betonen. Das bedeutet zunächst, dass die Schulen bzw. die mit dem Projekt beschäftigten Lehrkräfte keine projektleitenden Aufgaben übernehmen. Die Schulen bzw. die Lehrkräfte sind Kooperationspartner. Dies muss auch für die teilnehmenden Jugendlichen klar erkennbar sein. Das Projekt soll neue Erfahrungen ermöglichen. Der Schulalltag ist eine bekannte Erfahrung.

Dieser Aspekt ist auch aus einem anderen Grund von Bedeutung. Die SchülerInnen erfahren in einem außerschulischen Projekt zumeist erstmals überhaupt davon, dass es solche zusätzlichen Weiterbildungsangebote gibt. Und zwar nicht als eine weitere belastende Verpflichtung, sondern als ein Angebot, dass auf Freiwilligkeit beruht. Die jungen Menschen lernen also Verantwortung auch im Interesse ihrer eigenen Bildungschancen. Sie werden möglicherweise auch im weiteren Verlauf ihres Lebens derartige Bildungsangebote anzunehmen in der Lage sein. Aus bildungspolitischer Perspektive legt ein solches außerschulisches Projekt also Grundlagen. Zudem bestärkt es die Absichten, Bildungsnetzwerke zu stärken – hier speziell mit Blick auf die (außerschulische) politische Bildung. Die Einbeziehung von Akteuren aus diesem Bereich setzt im Übrigen den außerschulischen Charakter solcher Projekte voraus.[15]

Teilnehmende

Pro Schule nahmen acht Jugendliche an der Teamerausbildung statt. Unter den insgesamt 40 teilnehmenden Jugendlichen waren 17 Mädchen und 23 Jungen. Damit wurde das Ziel, eine möglichst gleiche Anzahl männlicher und weiblicher Teamer auszubilden, erreicht. Zudem zeigt die Geschlechterverteilung, dass die Methode ihren

---

[15] Vergl. Richtlinien zur Förderung von Veranstaltungen der politischen Erwachsenenbildung durch die Bundeszentrale für politische Bildung (BpB) (Förderrichtlinien). Im Internet: http://www.bpb.de/partner/foerderung/140007/foerderungsrichtlinien (Aufruf am 30.11..2012).

Anspruch auf Ansprache beider Geschlechter erfüllt. Die Rückmeldungen der Teilnehmenden auf den Verlauf der Teamerausbildung und die Durchführung der Turniere geben keine Hinweise darauf, dass bei der Projektdurchführung geschlechterbedingte Benachteiligungen oder Bevorzugungen vorgekommen sind.

Die Teamer kamen aus zehn verschiedenen Nationen. Diese Vielfalt bietet die Chance, Werte wie Respekt, Toleranz und die Bedeutung von Fair Play im interkulturellen Austausch zu diskutieren.

Teamerausbildung

„Anfangs habe ich mir kaum Gedanken über faires Verhalten im Sport und im Alltag gemacht. Jedoch hat sich das, vor allen Dingen durch die Thematisierung von Fair Play und Vorbildern, jetzt geändert... Man nimmt viele Dinge ganz anders wahr." (Schülerin über die Teamerausbildung)

Vor der sportlichen Aktion stand bei den Jugendlichen, die die Teamerausbildung mitmachten, eine 'traditionelle' Lernsituation. In vier Doppelstunden sollten theoretische Inhalte der Teamerausbildung vermittelt werden. Das setzt bei den SchülerInnen Motivation voraus. Ein wichtiger Antrieb ist dabei die Aussicht, selber Verantwortung zu übernehmen und das Turnier in der eigenen Schule als Teamer und Vorbild zu gestalten. Einmal mehr erweist sich: Verantwortung zuweisen und Verantwortung zutrauen sind wesentliche Ausgangsbedingungen für eine nachhaltige Motivation der Jugendlichen. Unmittelbar zeigt sich dies zunächst in der Teilnahme der Jugendlichen an den Lehreinheiten: sie nahmen regelmäßig, pünktlich und engagiert teil.

Aus der Verantwortung erwächst zudem ein zusätzlicher Ehrgeiz: Ich will das schaffen und ich kann das schaffen! Deshalb ist auch eine Testsituation, wie sie die Teamerausbildung in der dritten Einheit vorsah, sinnvoll. Ein solcher Test kann Ernsthaftigkeit und Konsequenz signalisieren.

Es ist ebenfalls sinnvoll, diesen Test nicht für die letzte Einheit vorzusehen, sondern nach dem Test, den Übergang in die Praxis zu gestalten. Das holt gewissermaßen den Spaß für die Teilnehmenden wieder zurück. Dazu dient auch der gemeinsame Ausflug nach den Unterrichtseinheiten. Er stärkt den Zusammenhalt, schafft neue Kontakte über die eigene Schule hinaus und vermittelt den Teilnehmenden so auch ein Gefühl für das Gesamtprojekt, dessen Teil sie jeweils sind.

Für die Schulen kann die Teamerausbildung auch eine unmittelbare Wirkung haben. Die erworbenen Kompetenzen kann die Schule nutzen, um sie in eigene Programme und Projekte zu überführen, z.B. Streitschlichterausbildungen. Die ausgebildeten Teamer können dabei als Multiplikatoren wirken.

Wichtig ist es deshalb auch, die Teamerausbildung mit einem ebenso formalen wie symbolischen Akt enden zu lassen: ein Zertifikat bescheinigt die erfolgreiche Teilnahme.

Im Rahmen der Teamerausbildung konnte die RheinFlanke gewissermaßen en passant auch auf ihre sonstigen Aktivitäten und Projekte aufmerksam machen. Hier besteht eine unmittelbare Chance für die Teilnehmenden, indem sie sich für eine weitere Mitarbeit dort interessieren und empfehlen.

Anhand eines Fragebogens wurde die Zufriedenheit mit der Teamerausbildung erhoben.[16] Auf die Frage, ob die Erwartungen der Teamer erfüllt wurden, gab es folgende Antworten:
- 65% erfüllt
- 19% übertroffen
- 16% nicht angegeben.

Im Einzelnen bewerteten die Teilnehmenden vor allem ihre eigene Entwicklung als Teamer. So seien sie zu Beginn ihrer Tätigkeit bei den Gesprächen in der „Dialogzone" vielfach nervös und wenig selbstbewusst aufgetreten (leise Stimme, fehlender Blickkontakt mit den SchülerInnen, wenig Eingehen auf Aussagen der SchülerInnen). Die Vorstellung, Vorbild für die SchülerInnen sein zu wollen und sein zu können, sei einerseits reizvoll erschienen, habe andererseits aber auch Ängste hervorgerufen. In diesem Zusammenhang habe sich die Unterstützung und das kollegiale Feedback der Projektleiter („Chefteamer") sehr positiv bestärkend ausgewirkt. Diese Aussagen bestä-

---

[16] Auswertungsbogen für Toleranz-Tour im Anhang.

tigen einmal mehr die Bedeutung einer konsequenten Betreuung der Jugendlichen: auch in solchen vergleichsweise kurzzeitigen Projekten kommt der individuellen Betreuung eine immense Bedeutung zu.

Insgesamt bewerten die meisten der Teamer ihre eigene Entwicklung positiv. Sie fühlen sich in ihren Fähigkeiten bestärkt, die Erfahrung als Teamer erlebten sie weiterführend. Deshalb äußerten einige Teamer auch den Wunsch, an weiteren Projekten teilnehmen zu können. Aus diesem Ergebnis erwächst Verantwortung: es geht darum, die durch die Teamerausbildung und -tätigkeit errungenen Ansätze zur Persönlichkeitsentwicklung nachhaltig zu stützen und sie nicht nach Projektende 'verpuffen' zu lassen. Das freilich ist eine über das Projekt hinausgehende Herausforderung.

Turniere

Steht von der theoretisch-konzeptionellen Seite des Projekts die Teamerausbildung im Zentrum, so ergibt sich für alle Beteiligten und Teilnehmenden der besondere Erlebnischarakter des Projekts aus den Fußballturnieren. Sie sind der eigentliche 'Motor' für das Gesamtprojekt.

Die Rahmenbedingungen für die Fußballturniere (Spielfeld, Teamstärke, Spielmodus, Spielplan) lieferten die bewährten Erfahrungen der RheinFlanke bei der Durchführung solcher Turniere („Köln kickt").

Die Turniere sind die praktische Bewährungsprobe für die Teamer. Hier erweist sich, was sie 'gelernt' haben. Oder besser: wie sie das Gelernte umzusetzen in der Lage sind.

Für die jüngeren SchülerInnen, die an diesen Turnieren teilnahmen, ergab sich ein eigenes Lern- und Erfahrungsfeld. Sie spielen in gemischten Mannschaften, ohne herkömmlichen Schiedsrichter nach selbst vereinbarten Regeln. Noch bedeutsamer war die Herausforderung für die Teilnehmenden nach dem Spiel: in der „Dialogzone" galt es, gemeinsam mit den Teamern, das Spiel auszuwerten und ein endgültiges 'Ergebnis' auszuhandeln. Die SchülerInnen lernten also, dass der Prozess des gemeinschaftlichen Redens in der Dialogzone keinesfalls nur zusätzlichen Stress bedeutet, sondern den Spaß des

Spiels gewissermaßen auf einer anderen Ebene fortsetzt und vertieft – in der gemeinsamen Auswertung.

Die Wahrnehmungen der SchülerInnen und ihre Einschätzungen zu den für sie neuen und ungewohnten Teilen des Spiels (kein Schiedsrichter, eigene Regeln, „Dialogzone" nach dem Spiel; Spaß) wurden in einem Fragebogen nachgefragt.[17]

Die SchülerInnen fanden in der Mehrheit das Spiel ohne Schiedsrichter aber mit Teamern gut. Man kann auch dieses Ergebnis als Bestätigung dafür lesen, dass die Schülerinnen ihre Eigenverantwortung für das Gelingen des Spiels einsehen und annehmen.

Die Verantwortung bewährt sich in der „Dialogzone". Hier wird nachbesprochen, wie erfolgreich man war. Wenn nahezu alle SchülerInnen die Diskussionen in der Dialogzone positiv bewerten, darf dies als Beleg für die Akzeptanz der Fair-Play-Regeln angesehen werden. Die Erfahrung, unter Einhaltung von Fair-Play-Regeln 'Erfolg' zu haben, ist von großer Bedeutung, gerade auch deshalb, weil Untersuchungen zur Bedeutung von Fair Play bei Jugendlichen in Fußballvereinen leider immer wieder zeigen, dass der Fair-Play-Gedanke oft in Konkurrenz zum Erfolgsstreben steht: im Zweifelsfall hilft ein Foul mehr als Fair-Play![18]

Es ist wünschenswert, dass diese Erfahrungen der Jugendlichen nicht einmalig bleiben. So wäre es beispielsweise interessant, ob und wie diese Erfahrungen sich auch für den Vereinsfußball nutzen lassen können. Eine Herausforderung!

Schlussbemerkung

Die Methode „Fußball für Toleranz" hat sich auch in dem Kölner Projekt bewährt. Die durch die Kompetenz und Erfahrung der Teamleitung bei den Teilnehmenden bewirkten Lernerfahrungen und Entwicklungen belegen einmal mehr, wie wichtig es ist, den Jugendlichen Herausforderungen anzubieten. Sie nehmen sie gerne an und wissen sie nach ihren Bedürfnissen eigenverantwortlich zu gestalten.

---

[17] Evaluationsbogen Teilnehmer im Anhang.

[18] Vergl. Lützenkirchen, Aggression und Gewalt im Amateurfußball, S. 47ff..

Freilich brauchen sie dabei Unterstützung. Es ist eine Unterstützung, die Stärken stärkt und auf 'Belehrung' verzichtet. Sie setzt vielmehr Rahmenbedingungen. Diese freilich müssen von allen Beteiligten akzeptiert werden. Deshalb kommt der 'Erklärung' des Projektansatzes, der Vermittlung des Sinns des Ganzen eine hohe Bedeutung zu.

In diesem Zusammenhang ist „Fußball für Toleranz" ein Angebot. Es ist umso nachhaltiger, je besser es gelingt, die durch dieses Angebot erzielten Lerneffekte und Erfahrungen bei den Jugendlichen nachhaltig zu sichern und sie nicht in einem Einmal-Event verpuffen zu lassen. Die RheinFlanke mit ihrem vernetzten Angebot bietet da gute Voraussetzungen.

Literaturverzeichnis

Bundesvereinigung für Soziale Integration durch Sport. Online verfügbar unter http://www.sozialsport.de/, zuletzt geprüft am 05.03.2012.

Buntkicktgut. Online verfügbar unter http://www.buntkicktgut.de/, zuletzt geprüft am 05.03.2012.

The Streetfootballworld, Berlin: Streetfootballworld 2003.

Der Fotoband 2002 - 2011 Ballance Hessen. Fußball für Integration, Toleranz und Fair Play. Unter Mitarbeit von Andrea Jeppe-Glameyer. Witzenhausen 2011.

Borkovic, Vladimir; Baur, Jürgen Straßenfußball für Toleranz. Institut für Sportwissenschaft. 1 CD-ROM. Potsdam 2005.

Borković, Vladimir: Evaluation kommunaler Sportprojekte zur sozialen Integration von Heranwachsenden. Univ, Potsdam, Potsdam 2010.

Burrmann, Ulrike: Mädchen Stärken durch Straßenfußball. Evaluation eines Projekts. In: *Thema: Kick it like Prinz!* 2006, S. 176–179.

Deutsche Akademie für Fußball-Kultur: Fußball Kultur: Straßenfußball für Toleranz. Online verfügbar unter http://Walnussbaum-kultur.orgademie/programme-projekte/akademie/strassenfussball-fuer-toleranz.html, zuletzt geprüft am 05.03.2012.

Fanizadeh, Michael; Diketmüller, Rosa: Global Players. Kultur, Ökonomie und Politik des Fußballs. 1. Aufl. Frankfurt a.M, Wien 2002.

Hild, Christian; Gilabert, Vinzenz: Soziale Arbeit im Jugendfußball. Von der Notwendigkeit die Potenziale des Sports und der Sozialen Arbeit synergetisch nutzbar zu machen, aufgezeigt am Beispiel von Nachwuchstalenten im Spitzenfußball anhand einer prozessual-systemischen Analyse. Rorschach: FHS St.Gallen (Fachbereich Soziale Arbeit) 2006.

Hoberg, Gerrit: Trainings-Lager. Fairness, Toleranz, Zivilcourage; ein PC-Progamm für handlungsorientiertes Lernen. Bundeszentrale für Politische Bildung. 2 CD-ROM. Bonn: BpB 2008.

Institut für Friedenspadagogik Tübingen e.V.: Straßenfußball für den

Frieden / Sport und Gewaltprävention / Fair Play / Themen / Home - Institut für Friedenspädagogik Tübingen e.V. Online verfügbar unter http://www.friedenspaedagogik.de/themen/fair_play/sport_und_ge waltpraevention__1/strassenfussball_fuer_den_frieden, zuletzt geprüft am 05.03.2012.

Jäger, Uli: Kick forward. Tübingen (Inst. für Friedenspädagogik) 2006.

Jäger, Uli; Biester, Steffi: Straßenfußball für Toleranz. Ostfildern: Fußball-Lernen-Global (Fußball lernen global, 1) 2007.

KICKFAIR. KICKFAIR e.v. Online verfügbar unter http://www.kickfair.org/index.shtml, zuletzt geprüft am 05.03.2012.

KICK FORWARD; Institut für Friedenspädagogik Tübingen e. V. (Hrsg.): Straßenfußball für Toleranz. Handreichung für Jugendarbeit, Schule und Verein. Handreichung für Jugendarbeit, Schule und Verein. Broschüre. Tübingen 2006.

Kröpelin, Martina; Aye, Thomas: Achtung Straßenfußball. Südafrika, Brasilien, Deutschland. Uckerland/OT Milow 2010.

Lützenkirchen, Hans-Georg: Aggression und Gewalt im Amateurfußball. Wahrnehmungen und Einschätzungen aus der Praxis ; Ergebnisse einer Befragung von Funktionsträgern der Fußballkreise im Bereich des Fußball-Verbandes Mittelrhein e.v., Köln 2002.

medienlabor - Agentur für Kommunikation und Medienentwicklung KG: Straßenfußball - Brandenburgische Sportjugend. Online verfügbar unter http://sportjugend-bb.de/deutsch/sozial-engagiert/strassenfussball, zuletzt geprüft am 05.03.2012.

Möbius, Wolfgang: Toleranz und Fairness. Gewaltprävention im Fußball ; Fachtagung 27. - 29.9.2001 in Barsinghausen ; Dokumentation. Frankfurt/Main (DFB-Sportförderverein) 2001.

Pilz, Gunter A.: Gewaltprävention durch Sport - aber wie? Online verfügbar unter http://wrs.yahoo.com/_ylt=A7x9QXv5rVRPx RUAC_UzCQx.;_ylu=X3oDMTE0c2FhY2dlBHNlYwNzcgRwb3MMDMwRj b2xvA2lyZAR2dGlkA0RFQzAwMl83Mg--/SIG=12q085omd/EXP= 1330978425/**http%3a//sportgegengewalt.sp.funpic.de/phpkit/cont ent/download/pilz1.pdf, zuletzt geprüft am 05.03.2012.

Pilz, Gunter A.: Von der Luftnummer zur Bodenhaftung? Bewegung und Spiel als Element einer gewalt- und suchtpräventiven Sportkultur, 2003. Online verfügbar unter http://www.sportwiss.uni-hannover.de/fileadmin/sport/pdf/onlinepublikationen/pil_luft.pdf, zuletzt geprüft am 05.03.2012.

Sinning, Silke: Straßenfußball. Spielbezogene Kompetenzen über das Fußballspielen hinaus erwerben. In: *Hessen-Fußball*.

Unzicker, Florian: "Der Kiez k(l)ickt.". Integration von muslimischen Jugendlichen durch das Straßenfußball-Projekt "Klickkicker" in Berlin-Kreuzberg. München 2009.

Will, Fabian: 11 Fragen nach 90 Minuten. Was tun gegen Rassismus und Diskriminierung im Fußball? Berlin (Bündnis für Demokratie und Toleranz - gegen Extremismus und Gewalt) 2008.

Modell 2

Vom Spiel zur Teilhabe: Der Generationendialog

Vorbemerkung

Der nachfolgende Text bezieht sich auf den Generationendialog[19], der 2011 im Rahmen des 7. Straßenfußballfestivals des Netzwerks Straßenfußball in Köln durchgeführt wurde.

Inzwischen hat aus Anlass des „Arsch huh"-Jubiläums im November 2012 in Köln ein weiterer Generationendialog stattgefunden. Diese Veranstaltung wird gesondert ausgewertet.

Dort, wo es sinnvoll erschien, wurden Vorgehensweisen und Erkenntnisse aus dem zweiten Generationendialog in den nachfolgenden Text eingefügt.

Einführende Bemerkungen zum Generationendialog

Der Sport wird gerne als die große Integrationsmaschine gesehen. Menschen unterschiedlicher Herkunft, mit unterschiedlichen sozialen und kulturellen Umfeldern und nicht zuletzt mit sehr unterschiedlichen Bildungsvoraussetzungen kommen zusammen und – so das idealisierte Bild – messen sich im sportlichen Wettbewerb. In dem bestimmt ein eigenes Regelwerk das sportliche Miteinander.

Ein derart idealisiertes Sportverständnis isoliert in der Konsequenz den Sport von der Gesellschaft. Es inthronisiert den sportlichen Wettkampf als eine Art 'heiligen' Sperrbezirk nach Art der antiken olympischen Spiele: während sie liefen, galt ein Weltfriede.

Aber es gibt nicht den Sport, in dem die Gesellschaft mit ihren politischen, sozialen und kulturellen Herausforderungen nicht vorkommt. Der Sport ist Teil der Gesellschaft und steht mit ihr in einem dauernden Wechselverhältnis.

---

[19] Die Bezeichnung 'Generationendialog' erhebt keine Anspruch auf Exklusivität. Der Begriff wird in vielfacher Bedeutung benutzt, wie beispielsweise eine einfache Suche im Internet beweist. Sollte sich durch die Benutzung dieses Begriffs zur Bezeichnung einer Partizipationsmethodik eine Verletzung exklusiver Rechte anderer oder eine Verwechslung mit ähnlichen Methoden ergeben haben, so bitten wir um Mitteilung, um nötigenfalls einen anderen Begriff einzuführen.

Im Netzwerk Straßenfußball sind seit 2008 Projekte und Initiativen zusammengeschlossen, die mit jeweils eigenen Schwerpunkten an der Schnittstelle Fußball und Gesellschaft arbeiten. Immer geht es darum, den Fußball als Impuls und Brücke zu nutzen, um die Partizipations- und Integrationspotentiale von Jugendlichen, die aufgrund ihrer ethnischen Herkunft, ihrer sozialen Situation und/oder fehlender Bildungschancen in dieser Gesellschaft benachteiligt sind, zu erhöhen. Der Fußball führt sie zusammen, über ihn erfahren sie alternative soziale Wirklichkeiten, im 'Team' erwerben sie soziale Kompetenzen. So bauen die unterschiedlichen Projekte im Netzwerk eine Brücke, über die ein Weg in die Gesellschaft führt.

Der Weg in die Gesellschaft beginnt für die Jugendlichen mit ihren Bildungs- und Ausbildungschancen. Konsequenterweise zielen deshalb die Projekte auf eine Qualifizierung der Jugendlichen und eine Stärkung ihrer Persönlichkeit. Sie gehen im Sinne eines 'klassischen' Ansatzes von der 'Bedürftigkeit' der Jugendlichen aus und stellen ein entsprechendes Angebot zur Verfügung.

Dieser Ansatz wird durch den Generationendialog ergänzt. Er geht einen Schritt weiter, indem er die Potentiale der Jugendlichen für einen Beteiligungsprozess nutzbar macht. Im Sinne eines politisch bildenden Ansatzes sollen die Jugendlichen zu aktiven Akteuren im Rahmen eines Dialoges mit 'Erwachsenen' aufgefordert werden. Dabei wird die Gesprächssituation sowohl in der Gestaltung als auch in der thematischen Zuspitzung von den Jugendlichen selber verantwortet. Nicht <u>über</u> die Jugendlichen und ihre Anliegen soll geredet werden, sondern <u>mit</u> ihnen! Sie sind die 'Experten' in ihren Angelegenheiten.

Die Voraussetzung für das Gelingen eines solchen Ansatzes ist Ernsthaftigkeit. Sie beginnt bei den teilnehmenden Erwachsenen. Von ihnen wird gefordert, sich auf das gestaltete Gesprächsangebot der Jugendlichen einzulassen. Das mag ungewohnt sein, wenn die jugendlichen 'Experten' ihre eigene Kommunikationsästhetik entwickeln und vorstellen. Es ist aber eine Voraussetzung.

Eine konsequente Folgerung aus der Ernsthaftigkeit ist Nachhaltigkeit. Die Kompetenz der Jugendlichen muss in Entscheidungssituationen präsent sein und anerkannt werden. Sie darf nicht im Rahmen eines einmaligen Events verpuffen. Um diese Nachhaltigkeit zu schaffen ist Unterstützung erforderlich. Es müssen regelmäßige Foren des Austausches geschaffen werden.

Der Generationendialog ist der Versuch, ein solches Forum zu gestalten. Die Ergebnisse und Erfahrungen dieses Versuchs werden aufbereitet und ausgewertet, damit sie im Interesse des Aufbaus einer nachhaltigen Partizipationsstruktur diskutiert werden können.
In diesem Sinne versteht sich der Generationendialog als ein modellhaftes Format zur Beteiligung von Jugendlichen an gesellschaftlichen Diskursen und Entscheidungen.

Nachfolgend wird das Format vorgestellt und ausgewertet.

Grundlagen

"Die Geschichte des deutschen Fußballbundes zeigt, dass "der" Sport so gut eine Fiktion ist wie "der" Mensch. Sie zeigt auch, dass der Fußball, konkret wie er ist, seine Geschichte und seinen Gesellschaftsbezug hat: Dass er ein Politikum bildet, dass er als Politikum erkannt werden will... Er gehört zu unserer Gesellschaft."

Mit diesen Worten zum 75jährigen Jubiläum des DFB beendete 1975 der Festredner Walter Jens eine bis heute zuweilen dennoch immer wieder noch aufzufindende Illusion über die Rolle des Sports und speziell des Fußballs in der Gesellschaft. Ausgehend von der konkreten Geschichte des DFB erläuterte Jens die relevante Wechselbeziehung zwischen Sport und Gesellschaft. Ihr kann und darf der Sport sich nicht entziehen. Eine insbesondere unter Sportfunktionären damals wie heute zuweilen noch bestrittene Herausforderung. Demnach gäbe es doch den 'unpolitischen' Fußball, ein Sport der unbelästigt von den Anforderungen aus Geschichte, Politik und Gesellschaft – freilich immer in 'guter Kameradschaft' mit den herrschenden politischen Eliten – zu betreiben sei. Eine gefährliche Illusion. Es ist dem damaligen Festredner zum DFB-Jubiläum Walter Jens zu danken, dass er mit seiner Rede ein Umdenken einleitete. Die gesellschaftspolitische und soziale Dimension des Fußballs steht heute nicht mehr ernsthaft zur Debatte.

Der Fußball ist ein wesentlicher Teil der Gesellschaft. Die Anforderungen einer demokratisch-zivilen Gesellschaft wie demokratische Verfassung, Transparenz, Mitbestimmung gelten auch für ihn. Zudem steht der Fußball in einem direkten Wechselverhältnis zur Gesamtgesellschaft. Gesellschaftliche und soziale Erscheinungen und Verwerfungen bilden sich hier ab und erfahren ihre spezifische Ausprägung. Zugleich aber vermag der Fußball als gesellschaftspolitischer Akteur diesen Erscheinungen und Verwerfungen mit seinen eigenen Mitteln zu begegnen. Damit leistet der Fußball einen gestaltenden Beitrag für die Gesamtgesellschaft. Das ist eine Herausforderung: für jeden Aktiven – insbesondere aber auch für alle die Projekte, die den Fußball nutzen, um Bildungs- und Beteiligungschancen von Jugendlichen zu fördern.

Verantwortliches Handeln braucht Kompetenz

Die Herausforderung bedingt zwangsläufig eine soziale und gesell-schaftspolitische Verantwortung. Der Fußball kann nicht nur einwir-ken - im Sinne dieser Verantwortung muss er es sogar. Er ist ein be-deutender zivilgesellschaftlicher Akteur. Im Bereich des verbandsori-entierten Fußballs ergibt sich diese Verantwortung schon aus der einzigartigen Infrastruktur des Fußballs: die Vielzahl von Vereinen und ihre ehrenamtlichen Mitarbeiter erreichen viele Menschen, vor allem Jugendliche. „Die Amateurvereine," meint der Sportwissen-schaftler Dieter H. Jütting, „sind der 'big player' unter den zivilgesell-schaftlichen Organisationen in Deutschland..." Anders ausgedrückt: der Fußball ist eine entscheidende Sozialisationsinstanz.

Ein Weiteres kommt hinzu: Fußball lässt sich überall mit geringem Aufwand spielen. Die 'Sprache' des Fußballs ist allgemeinverständ-lich. Sie führt wie kaum eine andere Sportart vergleichsweise schnell und unkompliziert Menschen ganz unterschiedlicher Art zusammen.

Diese besonderen Qualitäten des Fußballs machen sich sehr gezielt auch viele sozialpädagogische und sozialarbeiterische Projekte zu Nutze. Über den Spaß am Spiel erreichen diese Projekte ihre jeweili-gen Zielgruppen und binden sie im Rahmen der Projektintentionen.

In diesem Sinne nutzt auch die RheinFlanke in ihren unterschiedli-chen Projekten zur Unterstützung und Förderung von Kindern und Jugendlichen den Fußball Der Fußball führt Kinder und Jugendliche zusammen, darunter vor allem solche, die aufgrund ihrer ethnischen Herkunft, ihrer sozialen Situation und/oder fehlender Bildungschancen in dieser Gesellschaft benachteiligt sind. Im 'Team' erwerben sie soziale Kompetenzen und erfahren so alternative soziale Wirklichkeiten. Über den Fußball lassen sich Brücken bauen, über die für die Jugendlichen ein Weg in die Gesellschaft führt.

Um die Beteiligungschancen benachteiligter Jugendlicher zu erhöhen, ist bei dieser Arbeit eine nachhaltige Unterstützung notwendig. Dies leisten die persönlichkeits- und berufsqualifizierenden Projekte der RheinFlanke (und der beteiligten Partner), die über den Fußball (oder andere niederschwellige sportpädagogische Angebote) die Jugendlichen erreichen und sie in nachhaltige Unterstützungsangebote einbinden. Dazu dient auch ein vor Ort vorhandenes Netzwerk, in dem verschiedene Akteure aus dem Feld sowie Wirtschaft und Gesellschaft aktiv sind.

Diese Arbeit wirkt in zweierlei Hinsicht: zum einen verbessert sie die gesellschaftlichen Teilhabechancen der teilnehmenden Kinder und Jugendlichen durch gezielte Unterstützungs- und Qualifizierungsmaßnahmen. Zum anderen wirkt sie gesellschaftspolitisch, indem sie präventive Effekte erzielt, etwa im Rahmen der Gewaltprävention, der Abwehr rassistischer Einstellungen, oder der Vorbeugung gegen Rechtsextremismus.

Der (sozialpädagogische) Ansatz 'entdeckt' in der unterstützende Projektarbeit immer wieder besondere Kompetenzen und Potentiale der Jugendlichen und nutzt sie erfolgreich für den Prozess der gesellschaftlichen Integration. Indes mangelt es an spezifischen Angeboten, diese Potentiale auch als ausdrückliche 'gesellschaftspolitische Partizipationspotentiale' – und damit unmittelbar politisch als zivilgesellschaftliches Engagement – nutzbar zu machen. Die Jugendlichen können (und wollen) aber selbstbewusst und -verantwortlich zu aktiven Vertretern ihrer Interessen werden: sie haben etwas zu sagen!

An dieser Stelle bedarf der sozialpädagogische Ansatz einer Erweiterung durch den Aspekt politische Bildung. Gemeint ist damit eine unmittelbar das Potential staatsbürgerlicher Verantwortung aktivierende 'Qualifizierung' im Sinne einer partizipatorischen

Handlungskompetenz. Sie verbindet den durch den Fußball initiierten Prozess des sozialen Lernens, der Persönlichkeitsstabilisierung sowie der persönlichen Qualifizierung und Beratung mit einem spezifischen politischen Bildungsprozess zur Förderung der Partizipationskompetenz, an dessen Ende die qualifizierte Interessenvertretung steht.

Formen gesellschaftspolitischer Partizipation aber müssen eingeübt werden. Zum nötigen Selbstbewusstsein und damit einhergehender Selbstverantwortung gehört neben der Persönlichkeitsstärkung eben auch eine Einübung in Kommunikations- und Diskursformen. Hierzu bietet das Format „Generationendialog" eine innovative Methodik an, die themenorientiertes Arbeiten mit kreativ-künstlerischen Impulsen und Formen verbindet.

Indes muss es auch Foren geben, auf denen die Jugendlichen ihre Beiträge vorstellen können und sie auch gehört werden. Das Vorhaben schafft diese Foren, indem es Dialoge/Gespräche mit EntscheidungsträgerInnen aus Politik, Bildung, Sport, Wirtschaft und dem Feld der Kinder- und Jugendarbeit anbietet. Über den "Generationendialog" lassen sich zudem die Foren von den Jugendlichen selbst gestalten.

Das Format "Generationendialog" gestaltet eine Form nachhaltiger Partizipation von Kindern und Jugendlichen. Das ist nicht selbstverständlich: Beteiligung von Kindern und Jugendlichen an gesellschaftspolitischen Diskursen und tatsächlichen Entscheidungen wird zwar immer wieder gerne auch mit großen Worten eingefordert, indes in der Praxis oft vernachlässigt. Zwischen Anspruch und Wirklichkeit klafft eine beträchtliche Lücke. Jugendpartizipation ist oft nur eine Alibiveranstaltung.

Das liegt auch daran, dass die Qualität und Substanz dessen, was Partizipation sein soll, nicht hinterfragt wird. So droht ein Missverständnis, das die mehr oder weniger klug durchdachten Methoden zur Beteiligung von Jugendlichen mit Beteiligung selber verwechselt. Aber ist die Einbindung von Jugendlichen bei der Entscheidung, in welcher Farbe die Wände des Jugendzentrums gestrichen werden, tatsächlich Partizipation? Entfaltet ein mit viel Aufwand betriebenes Jugendhearing mit PolitikerInnen im Deutschen Bundestag tatsächlich nachhaltige Partizipationseffekte? Entscheiden „Jugendparlamente" tatsächlich mit?

Derartige Methoden sollen hier nicht gering geschätzt werden. Aber die Bewertung, ob und wie eine praktizierte Methodik geeignet ist, die Jugendlichen in Diskurs- und Entscheidungsprozesse einzubeziehen, bleibt an der Oberfläche, wenn nicht hinterfragt wird, „was" eigentlich durch Beteiligung mit zu entscheiden ist und ob die zur Beteiligung ausersehenen Bereiche und Themen überhaupt dem entsprechen, was die Jugendlichen bewegt und interessiert. Wenn aber die Entscheidungsbereiche für die Jugendlichen wohlbedacht ebenso vorbestimmt wie eingeschränkt bleiben, darf zu Recht gefragt werden, was dann die ausgefeilte Beteiligungsmethodik noch soll. Sie bleibt eine Technik, hier wie dort anwendbar. Demokratie hat indes noch nie allein nur technisch funktioniert.

Der Generationendialog im „Leitermodell Jugendpartizipation" (nach Roger Hart)

In Anlehnung an das Hart'sche „Leitermodell" zur Jugendpartizipation[20] muss bei allen Aktionen zur Partizipation, die tatsächliche 'Intensität' des Partizipationsprozesses beschrieben und hinterfragt werden.

Stufen	Beschreibung
1. Fremdbestimmt	Die Inhalte und Formen der Beschäftigung sind 'fremdbestimmt'. Gefahr der Manipulation, etwa wenn Kinder auf Demonstrationen Plakate tragen, deren Inhalte sie nicht verstehen
2. Dekoration	Kinder und Jugendliche 'schmücken' eine Veranstaltung von Erwachsenen – etwa indem sie 'etwas vortragen'
3. Alibi-Teilnahme	Auf Veranstaltungen besteht nur scheinbar echte Beteiligung. Allerdings können die Jugendlichen selbst entscheiden, ob sie etwa an Jugendparlamenten teilnehmen.

---

[20] Hart, Roger, Children's participation. The theory and practice of involving young citizens in community development and environmental care. Reprinted. New York 1997 (Reprinted).

4. Teilhabe	Gewisses Maß an Beteiligung – etwa in Jugendparlamenten
5. Zugewiesen aber informiert	Projekte werden von Erwachsenen vorbereitet, aber die Jugendlichen wissen Bescheid und können beispielsweise bei Schulprojekten mitentscheiden
6. Mitwirkung	Jugendliche werden angehört oder befragt, haben jedoch keine Entscheidungskompetenz (zum Beispiel: Stadtteilentwicklung in der Kommune)
7. Mitbestimmung	Beteiligungsprojekte werden von Erwachsenen initiiert, aber die Jugendlichen haben geregelte Mitsprache- und Entscheidungsrechte
8. Selbstbestimmung	Die Jugendlichen initiieren ein eigenes Projekt, das von Erwachsenen unterstützt wird. Entscheidungen treffen die Jugendlichen. Erwachsene können eingebunden werden und tragen die Entscheidungen mit.
9. Selbstverwaltung	Von den Jugendlichen selbst organisierte und selbstbestimmt durchgeführte Projekte, über die deren Verlauf die Erwachsenen 'nur' informiert werden.

Sieht man von den ersten drei Stufen ab, die jeweils als Funktionalisierungen jugendlicher Beteiligung gedeutet werden können, haben ansonsten alle Stufen ihre Berechtigung. Das Leitermodell beschreibt also keine automatische Verbesserung, je höher die Stufe ist. Ein Projekt auf der Stufe 5 („Zugewiesen aber informiert") kann für die beteiligten Jugendlichen durchaus eine positive Erfahrung der eigenen Entscheidungskompetenz vermitteln. Auch der zivilgesellschaftliche Lerneffekt, die jugendliche Erfahrung, dass Beteiligung sinnvoll sein kann, kann sich aus Projekten auf dieser Stufe ergeben.

Eine Voraussetzung hier wie auch auf anderen Stufen: ein vertrauensvolles Verhältnis zu den wie auch immer beteiligten Erwachsenen. Und zwar in jede Richtung: die Erwachsenen müssen den Jugendlichen eine grundsätzliche Beteiligungskompetenz zutrauen. Die Jugendlichen ihrerseits vertrauen den Erwachsenen, die ihnen gegebenenfalls Ressourcen zur Realisierung eines Beteiligungsprojektes eröffnen bzw. zur Verfügung stellen.

Auf dieser Grundlage funktioniert auch der Generationendialog. Nicht nur in dem Maße, wie er benachteiligte Jugendliche in den Beteiligungsprozess hinein holt, braucht er auch Erwachsene. Sie schaffen die infrastrukturellen Voraussetzungen. Das reicht von der Bereitstellung materieller Ressourcen bis zur Begründung von Schulbefreiungen für eine Veranstaltung. In diesem Sinne ermöglichen die Erwachsenen das Jugendprojekt.

Der Generationendialog ist unter diesen Bedingungen auf der achten Stufe („Selbstbestimmung") der Hart'schen Leiter anzusiedeln. Die Jugendlichen initiieren ein Beteiligungsereignis, das ihre eigenen Themen in den Mittelpunkt stellt. In den Phasen der Entwicklung dieses Ereignisses 'kooperieren' sie mit erwachsenen ExpertInnen. Diese können die Vorbereitungsseminare als SeminarleiterInnen 'leiten'; als künstlerische LeiterInnen führen Erwachsene bei der kreativ-künstlerischen Themenarbeit Regie; als ModeratorInnen leiten sie Themendiskussionen; für den eigentlichen Dialog stehen sie als ExpertInnen aus Politik, Wirtschaft und Kultur zur Verfügung. Schließlich kommt den Erwachsenen auch eine besondere Verantwortung im Hinblick auf die Nachhaltigkeit des Generationendialogs zu. Sie stellen jene Foren her, auf denen die dokumentierten Dialogergebnisse weiterverfolgt werden.

Indem der Generationendialog diese verschiedenen Aspekte zu berücksichtigen versucht, stellt er   eine Verbindung der sozialpädagogisch motivierten Projektarbeit mit Jugendlichen mit Zielen der politischen Bildung her. Der Generationendialog ist praktische politische Bildung.
Insofern er mit benachteiligten Jugendlichen durchgeführt wird, schafft er etwas Bemerkenswertes: er erreicht eine „politikferne Zielgruppe" und belegt, dass diese Zielgruppe erfolgreich Beteiligung einüben und im Diskurs umsetzen kann.[21]

---

[21] So sieht auch die Bundeszentrale für politische Bildung eine ihrer zentralen Aufgaben darin, „bildungs- und politikferne Milieus" und insbesondere „jüngere Menschen in dieser Zielgruppe" anzusprechen. Darum kümmert sich seit 2007 ein eigener Fachbereich "Politikferne Zielgruppen".

Es ist deshalb wünschenswert, dass dieser Effekt sich auch in Form neuer Kooperationsstrukturen, die die professionell Jugendarbeit mit der Vielfalt der politischen Bildungsträger vernetzt, niederschlägt.

Bausteine

Der Generationendialog besteht aus verschiedenen Bausteinen, die gemeinsam erst das Gesamtverfahren ausmachen.

Für sich haben die Bausteine aber auch Relevanz. „Drei Voraussetzungen" beschreiben Kriterien, die für jede Bildungs- und Entwicklungsarbeit mit Jugendlichen gelten.

Die „Vorbereitungsseminare" können auch in anderen Bildungszusammenhängen sinnvoll sein. Gleiches gilt für den eigentlichen Dialog, der mit einer 'erfahrenen' Gruppe gegebenenfalls ohne neue Vorbereitungsseminare durchgeführt werden kann.

Drei Voraussetzungen

Der „Generationendialog" beruht auf drei Voraussetzungen:

1. Stärken stärken durch künstlerisch-kreative Prozesse

Während der Vorbereitung und Themenauseinandersetzung entwickeln die Jugendlichen in kreativ-künstlerischen Workshops eine positive Erfahrung ihres sozialen und partizipativen Gestaltungspotentials. 'Stärken stärken!' schafft Voraussetzungen zur Dialogfähigkeit.

2. Ernsthaftigkeit

Eine zentrale Voraussetzung für das Gelingen des Generationendialogs ist Ernsthaftigkeit. Sie beginnt bei den teilnehmenden Erwachsenen (ExpertInnen). Von ihnen wird gefordert, sich auf das gestaltete Gesprächsangebot der Jugendlichen einzulassen. Das mag ungewohnt sein, wenn die jugendlichen 'Experten' ihre eigene Kommunikationsästhetik entwickeln und vorstellen.

Zur Ernsthaftigkeit gehört auch der Anspruch, einer 'professionellen' Umsetzung: sowohl die Erarbeitung der künstlerisch-kreativen Präsentationen, aber auch das gestaltete Kommunikationssetting des Dialogs soll diesem Anspruch gerecht werden, und fordert deshalb eine entsprechende Arbeitsorganisation im Team sowie die Bereitstellung entsprechender technischer und logistischer Voraussetzungen.

3. Nachhaltigkeit

Eine konsequente Folgerung aus der Ernsthaftigkeit ist Nachhaltigkeit. Die Kompetenz der Jugendlichen muss in Entscheidungssituationen präsent sein und anerkannt werden. Sie darf nicht im Rahmen eines einmaligen Events verpuffen. Um diese Nachhaltigkeit zu schaffen ist Unterstützung erforderlich. Es müssen regelmäßige Foren des Austausches geschaffen werden. Insbesondere muss also sichergestellt sein, dass die Gesprächsansätze im Rahmen des Nachhaltigkeitsgebots (s.u.) weitergeführt werden.

Ein besonderer Aspekt der Nachhaltigkeit ergibt sich für die Rhein-Flanke aus der spezifischen Netzwerkeinbindung, in der der Generationendialog ein Angebotsbaustein im Übergang Schule/Ausbildung – Beruf darstellt. Hier sind die vermittelten und erfahrenen Kompetenzen und Verantwortlichkeiten als Teil der Persönlichkeitsqualifizierung der Jugendlichen zu erkennen und als qualifizierende Maßnahmen zu dokumentieren.

Vorbereitungsseminare

Die Themen und die Gestaltung des Generationendialogs werden von den Jugendlichen bestimmt. Idealerweise werden diese in einem seminararartigen Setting entwickelt.
In den Vorbereitungsseminaren erarbeiten die Jugendlichen 'ihre Themen' mit kreativ-künstlerischen Methoden und besprechen, mit welchen 'ExpertInnen' aus Politik, Wirtschaft, Kultur und Gesellschaft sie in den Dialog treten möchten.

Der kreativ-künstlerische Prozess dient zunächst dazu, den Jugendlichen den Themeneinstieg zu erleichtern. Ein 'spielerischer' Einstieg, der zudem noch Spaß macht, ebnet 'Schwellenängste', die etwa dadurch entstehen können, dass ein Thema zu kompliziert und 'schwer' erscheint.

Der kreativ-künstlerische Prozess dient darüber hinaus aber einem weiteren Zweck. In der kreativen Gemeinschaft erfahren die Kinder und Jugendlichen eine positive Wertschätzung. Eine wichtige soziale Erfahrung im Sinne von 'Stärken stärken!'. Ein positives Selbstwertgefühl schafft Selbstbewusstsein – mithin Voraussetzungen zur Dialogfähigkeit.

In welcher Weise die Schwerpunkte in den Vorbereitungsseminare gesetzt werden können, hängt natürlich auch von den Ressourcen ab? Wie viel Zeit steht zur Verfügung? Sind gegebenenfalls Befreiungen von Schule/ Ausbildung erforderlich und zu begründen? Lässt sich ein solches Seminar in laufende Schulangebote integrieren u.a.m.

Die Seminare können u.U. im Rahmen der Förderung politischer Bildung konzipiert werden. Kooperationspartner können Vereine, Schulen, kommunale Jugendeinrichtungen, -ämter u.a. sein.

Themenorientierter Dialog

Die vorbereitenden Seminare sollen den Jugendlichen die Möglichkeit bieten, ihre Themen zu finden. Das bedeutet zunächst eine völlig freie Themenwahl unter der Maßgabe: „Das ist uns wichtig, darüber wollen wir sprechen!"

Das Prinzip der freien Themenwahl kann variiert werden. Eine Möglichkeit sind die themenorientierten Dialoge. In diesem Fall sind Themenbereiche vorgegeben, in welchen die Jugendlichen ihre Themenschwerpunkte bestimmen.

So, wie es beim zweiten Generationendialog 2012 umgesetzt wurde. Der Generationendialog war eingebettet in die Veranstaltungen der „Arsch huh"-Initiative, die sich 1992 in Köln mit einem Konzert als zivilgesellschaftliche Bewegung gegen Rechtsextremismus gegründet hatte. 2012, zum zwanzigjährigen Jubiläum des Konzertes, mit dem die Initiative 1992 startete, lautete das Motto „Kulturelle Vielfalt heute". Damit ist die Aufforderung zur Wachsamkeit gegen rechtsextreme Tendenzen in der Gesellschaft und das Eintreten für eine zivile Stadtgesellschaft, die von kultureller und ethnischer Vielfalt lebt und profitiert, verbunden.

Das Themenumfeld war also vorgegeben. Aufgabe der Jugendlichen war es, für den Dialog 'ihre' dazu passenden Themen zu finden.[22]

Deutlich wird, dass in diesem Sinne der Generationendialog auch gezielt als Methode der Kinder- und Jugendbeteiligung bei konkreten Fragestellungen und Entscheidungsvorbereitungen eingesetzt werden kann.

Auch im themenorientierten Dialog besprechen die Jugendlichen, mit welchen 'ExpertInnen' sie den Dialog führen wollen.

Der Generationendialog

Der Generationendialog findet als öffentliche Veranstaltung statt. Er besteht aus folgenden Teilen:

- Präsentation der von den Jugendlichen kreativ-künstlerisch erarbeiteten Themenauseinandersetzung (z.B. Theater; Thesen zu den Themen; 'Themeninseln' u.a.m.)
- Dialog: die Jugendlichen und die geladenen 'ExpertInnen' (sowie die interessierte Öffentlichkeit) treffen sich in einem gestalteten Setting zum Gespräch.
- Verabredungen: in einem Speicher werden Verabredungen festgehalten: Was? Wie? Wer? Wann?

Nachhaltigkeit: war's das oder kommt noch was?

Eine besondere Bedeutung kommt dem Aspekt der Nachhaltigkeit zu. Es ist eine Frage der Ernsthaftigkeit (und auch der Glaubwürdigkeit), ob und wie die bis zu diesem Punkt engagierte Beteiligung der Kinder und Jugendlichen wirkungsmächtig werden kann.

Deshalb muss nach dem Ereignis Generationendialog sichergestellt sein, dass die Gesprächsimpulse nicht verpuffen. Das betrifft insbesondere die Gesprächsergebnisse und Verabredungen. Sie werden

---

[22] Und das waren vier Themen: 1. Vielfalt der Kulturen in Köln: Respekt-Toleranz; 2. Kulturelle Vielfalt: Herausforderungen in Schule und Ausbildung; 3. Fußball: Die Ultra-Kultur – Bedrohung oder Bereicherung?; 4. Herausforderungen - Religionen, Rechtsextreme, Meinungsfreiheit: Was geht und was geht nicht in unserem alltäglichen Umfeld in Schule, Beruf und Freizeit?

dokumentiert und wenn möglich in der regionalen Presse veröffent-licht.[23]

Die Dialogergebnisse führen nicht unmittelbar zu Entscheidungen. Aber sie wecken Bedarf nach Vertiefung oder Neubewertung einer Sachlage. Es muss folgerichtig Gelegenheiten geben, diese Bedarfe neu zu thematisieren. Möglichkeiten hierzu sind beispielsweise Jour Fixe, zu denen Gelegenheit besteht, dass die interessierten Jugendli-chen mit den jeweiligen ExpertInnen zusammentreffen. Des weite-ren ist es möglich, dass Jugendliche als Delegation in einer bestimm-ten Frage mit den ExpertInnen Kontakt hält. Ein weiteres Beispiel zur Nachhaltigkeit ergab beim zweiten Generationendialog, als ein Ex-perte anbot, eine vertiefende Veranstaltung zu einem Thema in sei-ner Behörde durchzuführen.

Ablauf[24]

Aus Anlass des 4. Straßenfußball Festival des Netzwerks Straßenfuß-ball vom 30.09. - 01.10.2011 in Köln sollte am Eröffnungstag auch ein von und mit den teilnehmenden Jugendlichen gestalteter Teil stattfinden. Er sollte zunächst aus der Vorstellung der jugendlichen TeilnehmerInnen, ihrer Herkunftsorte sowie der Projekte, in den sie dort aktiv sind, bestehen.
Um dem Festival insgesamt mehr öffentlichen Aufmerksamkeit zu sichern, sollten zu diesem Zweck auch VertreterInnen der Politik, Verwaltung und Sportwissenschaft eingeladen werden.

Jugendliches Orga-Team

Die veranstaltende RheinFlanke übergab die Organisation der Gesamtveranstaltung an ein Orga-Team, zwei Auszubildende aus den eigenen Reihen. Gemeinsam mit drei Azubis des Sportgarten e.V. Bremen bildeten sie das „Orga-Team", das sich im Vorfeld der

---

[23] Die Einbindung von regionalen Medien stellt im Übrigen auch eine besondere Würdigung der Teilnehmenden dar. Sie können durchaus stolz darauf sein, wenn die Presse „über uns berichtet."

[24] Der nachfolgende Ablauf beschreibt den ersten Generationendialog in Köln 2011. Eine detaillierte Ablaufschilderung/ Dokumentation des zweiten Generationendialogs 2012 ist in Vorbereitung und soll mit Praxisbeispielen zur Gestaltung der einzelnen Phasen des Generationendialogs auch in dieser Reihe erscheinen.

Veranstaltung dreimal traf.

Hier entstand die Idee, den Eröffnungstag neu zu planen und die Teilhabe der Jugendlichen aktiver zu gestalten. So sollte der erste Festivaltag nunmehr durch eine Tagung eröffnet werden. Dabei sollte das Hauptaugenmerk auf der Organisation durch die Jugendlichen selbst liegen. Ein Dialog zwischen Jugendlichen und ausgewählten TeilnehmerInnen aus Politik und Verwaltung sowie Förderstiftungen sollte angeregt werden. Am Abend des Eröffnungstages sollte ein Come-Together der jugendlichen Vertreter der Partner des Netzwerk Straßenfußballs organisiert werden.

Das Orga-Team wurde zunächst von dem Politologen H.-Georg Lützenkirchen (Institut für Fußball und Gesellschaft) bei der Diskussion inhaltlicher Fragen zur Thematik Fußball, Jugend, Gesellschaft unterstützt. Hinzu kamen später die Regisseurinen/Schauspielerinnen Martina Bajohr und Aischa-Lina Löbbert zur Unterstützung und Verwirklichung der Präsentationsideen.

Zum Festival wurden etwa 120 Teilnehmende aus den Partnerorganisationen im Netzwerk Straßenfußball aus den Städten Köln, Bremen, München, Pforzheim, Kassel, Berlin und Stuttgart erwartet. Jede Organisation/Stadt sollte VertreterInnen in eine vom Orga-Team einberufene Planungsgruppe entsenden. So kam eine Gruppe von 25 Jugendlichen aus allen Städten zusammen, die gemeinsam zwei Aufgaben erfüllen sollten:

- eine Idee für eine Vorstellungspräsentation entwickeln
- Themen für den Dialog erarbeiten.

Zwei Vorbereitungstreffen

In zwei ganztägigen Vorbereitungstreffen, die in Köln stattfanden, sollten die Jugendlichen die beiden Aufgaben angehen. Es stellte sich heraus, dass die parallele Erarbeitung sowohl einer zündenden Präsentationsidee zur Vorstellung des eigenen Projekts und/oder der eigenen Stadt als auch die Erarbeitung von inhaltlichen Themen für den Dialog nur schwer zu leisten war. Infolgedessen wurde bereits beim ersten Vorbereitungstreffen eine Arbeitsteilung mit speziellen Zuständigkeiten verabredet.

Bemerkenswert war, dass auch vergleichsweise bildungsunerfahrene Jugendliche sich sehr intensiv an der Themenerarbeitung beteiligten. Ebenso wurde der interkulturelle Erfahrungshintergrund der Jugendlichen, die in der Mehrzahl einen Migrationshintergrund hatten, zu Themen wie Respekt, Stolz und Ehre thematisiert. Der 'Mut' einiger Mädchen mit Migrationshintergrund, den eher männlich verallgemeinernden Blick auf diese Themen aufzubrechen und auch sehr persönliche Fragestellungen einzubeziehen zu Themen wie Ehre und Sexualität oder Respekt vor den Eltern, beeindruckte.

Auf dieser Grundlage führte das erste Treffen zu folgenden Ergebnissen:

- jedes Projekt (Stadt) erarbeitet ein Konzept für eine Bühnenpräsentation während des Festivals. Dabei sollen theatralische, musikalische und filmische Elemente im Vordergrund stehen.
- Für den Dialog wurden die Themen „Gewalt"; „Stolz und Ehre"; „Integration und Respekt" sowie „Toleranz" bestimmt.

Im zweiten Vorbereitungstreffen wurden die Präsentationen vorgestellt und kritisch besprochen. Einige Jugendliche, die sich beim ersten Vorbereitungstreffen mehr auf die Themenerarbeitung konzentriert hatten, waren nun auch in die Präsentationen eingebunden. Deshalb war eine parallele Arbeit an den Präsentationen und den Themen nicht möglich. Beide Schwerpunkte wurden also nacheinander abgehandelt.

Ziel der Themenbesprechung war es, Inputs für den Dialog zu besprechen und ModeratorInnenrollen zu bestimmen. Für jedes Thema sollten zunächst fünf Kernaussagen gefunden werden. Zum Dialog sollten diese visualisiert werden.

Zudem sollte für jedes Thema ein/e ModeratorIn bestimmt werden. Von dieser Absicht wurde abgesehen, da einige der Teilnehmenden sich von einer solchen Rolle überfordert fühlten. Da für den Dialog die Themen wichtiger erschienen als die Form ihrer 'Moderation' und zudem verhindert werden sollte, dass die Jugendlichen aufgrund ihrer verständlichen Ängste vor Überforderung, demotiviert würden, wurden statt ModeratorInnen Themenverantwortliche bestimmt. Sie sollten zunächst nur darauf achten, dass die Themen auch tatsächlich besprochen werden – ohne explizite Moderatorenrollen zu übernehmen.

Hierbei ist zu bedenken, dass die Jugendlichen weitgehend eher bildungsunerfahren waren. Es war also darauf zu achten, dass sie dennoch inhaltlich zum Zuge kommen konnten.

Für die Präsentation der Themen sollten im Veranstaltungsraum „Themeninseln" ausgewiesen und gestaltet werden. Stelltafeln sollten gut sichtbar das Thema ausweisen, zu dem dann ebenfalls die fünf Kernaussagen gut lesbar hinführen sollten. Eine Stuhlrunde sollte dazu einladen, sich am Gespräch zu beteiligen. Es sollte für die Jugendlichen jederzeit möglich sein, die Runde zu verlassen und zu einer anderen zu gehen. Lediglich die Themenverantwortlichen und die ExpertInnen zum Thema sollten ständig auf der Themeninsel präsent sein.

Um die Jugendlichen mit ihren Themen in den Vordergrund zu stellen, war vom Orga-Team schon frühzeitig entschieden worden, möglichst wenige einführende Referate durch ExpertInnen zuzulassen. Wichtiger erschien es, interessante Gesprächspartner für die „Themeninseln" zu haben.   So sollte schließlich nur noch ein 'Impulsreferat' gehalten werden.

Die endgültigen Themen und die Kernaussagen:

I. Stolz und Ehre
- Wir Türken haben mehr Ehre!
- Gebt uns Romeo und Julia zurück!
- Die kulturellen Unterschiede: Bedrohung oder Glück?
- Zwangsheirat ist keine Frage der Ehre!

Themenverantwortliche waren zwei Mädchen mit Migrationshintergrund.

II. Integration
- Fußball ist eine Sprache, die über kulturelle und soziale Grenzen hinweg gesprochen wird.
- Wer hört uns zu? Die Wünsche, Ideen und Forderungen von

uns Immigranten in Sachen Integration interessieren nur wenige!
- „Der Islam gehört nicht zu Deutschland"!?
- Oft seht ihr nur das Negative bei uns Immigranten! Das Positive drängt ihr in den Hintergrund!
- Das Erlernen der Sprache ist der erste und grundlegende Schritt zur Integration! Das kann man fordern!

Themenverantwortliche waren zwei Jungs mit Migrationshintergrund.

III. Gewalt
- Keiner beleidigt meine Familie!
- Provokationen sind Gewalt!
- Strafen helfen: Wir fordern härtere, aber gerechtere Strafen!
- Hat sich Gewalt tatsächlich qualitativ und quantitativ geändert? Oder wird sie heute nur häufiger medial dargestellt?

Themenverantwortlich waren zwei Jungs mit Migrationshintergrund.

IV. Respekt und Toleranz
- Wer mich nicht respektiert, verdient keinen Respekt!
- Erziehung ist wichtig: Respekt und Toleranz werden maßgeblich durch Erziehung vermittelt
- Die Würde des Menschen verlangt Respekt!
- Toleranz ist alles und nichts!
- Wer oder was verlangt Respekt? Respekt von Jugendlichen untereinander ist geringer als der gegenüber Erwachsenen!

Themenverantwortliche waren zwei Jungs mit Migrationshintergrund.

Präsentation und Dialog

Von 14 bis 18 Uhr fand am Veranstaltungstag der Generationendialog statt. Im Zentrum standen die Präsentationen der Projekte/Städte sowie der eigentliche Dialog. Der gemeinsam mit dem Orga-Team verabredete Ablauf sah so aus:

FESTIVAL 2011 - 4. Deutsches Straßenfußballfestival 30.09. / 1.10. 2011

Mitspielen! – Mitreden! – Mitgestalten!"
Zivilgesellschaftliche Herausforderungen für junge Menschen

vorläufiger Ablauf

Freitag 30.09.2011	Begegnung und Dialog
14:00 Uhr	„Mitspielen! – Mitreden! – Mitgestalten!" Zivilgesellschaftliche Herausforderungen für junge Menschen Eröffnung **Grußwort:** Hans Peter Bergner Bundesministerium für Familie, Senioren, Frauen und Jugend. Weiteres Grußwort Elfi Scho- Antwerpes, Bürgermeisterin der Stadt Köln , Schirmherrin köln kickt
14:20 Uhr	**IMPULS Präsentation** Jugendorga-Teammitglieder stellen sich und ihre Arbeit vor Was machen wir? // Wie machen wir das?
15:00 Uhr	**IMPULS Referat** Prof. Gunter A. Pilz, Hannover
15:30 Uhr	**DIALOG** In einer gestalteten Dialogzone finden Gespräche zu den Themen „Gewalt", „Integration", „Stolz/Ehre", „Respekt" statt. Experten: Gunter Pilz; Gerd Dembowski, Berlin; N.N.
18:00 Uhr	**VISION** *„Mitspielen! – Mitreden! – Mitgestalten!"* *Zivilgesellschaftliche Herausforderungen für junge Menschen* Resümee der Veranstaltung und Verabredung für die nächsten Schritte des Prozesses

	Wesentliches Gestaltungsmerkmal des Tages ist die „Führungsrolle" der Jugend bei der Dramaturgie und thematischen Gestaltung. Unterstützt werden sie durch zwei Theaterpädagoginnen bei der „Inszenierung" dieser jugendgerechten Tagung
Im Anschluss	Das „köln kickt Fest" mit Gästen / „Come Together" der Teams aus den Netzwerkprojekten
Samstag 01.10.2011	Begegnung im Spiel
10:30-16:30 Uhr	Fußballturnier auf der Museumsinsel Mitspielangebote und Aktionen auf dem Festivalgelände Mitgliederversammlung des Netzwerk Straßenfußball
20:00 Uhr	Netzwerkfeier mit POKALÜBERGABE im Museum

Der gesamte Ablauf wurde von einem Mitglied des Orga-Teams der RheinFlanke sowie einem prominenten Sportjournalisten des WDR moderiert.

Zum Ablauf der Präsentationen hier ein Auszug aus dem Bericht des Orga-Teams:

Der Startschuss des Festivals fand am Freitag, den 30.9.2011 um 14:00 Uhr, im Bürgerhaus Stollwerck statt. 40 Entscheidungsträger aus Politik, Wirtschaft und Stiftungen erklärten sich bereit, an der Veranstaltung teilzunehmen und sich dem Dialog der Generationen zu stellen.
Durch den gesamten Abend wurde das Publikum vom Moderations-Duo Tom Bartels und RheinFlanke-Azubi Grischa Wirths geleitet. So war es auch ihre Aufgabe das Festival um Punkt 14:00 Uhr für eröffnet zu erklären.

Das Intro der äußerst spannenden und vielfältigen Veranstaltung übernahmen dabei die Trommler aus dem Köln kickt Projekt „Porzer Talente", das sich darauf spezialisiert besondere Talente aus dem Raum Köln-Porz zu sichten und zu fördern.

„Die heutige Veranstaltung läuft unter dem Motto „Dialog der Generationen" – und wer, wenn nicht der Kölner, ist Experte auf

diesem Gebiet?", leitet Grischa Wirths zum Kölschen Dialog über.

Geschäftsführer Christoph Bex, bewies diese Fähigkeit zusammen mit der Dame aus der Verwaltung Margrit Bonfert, den Mitarbeitern der Standorte Meckenheim (Dennis Dietrich) und Bornheim (Christina Pütz), dem technischen Leiter Oleg Morozov, dem Auszubildenden Sandro Bergs, indem sie sich auf typisch kölsche Art unterhielten. „Un sons su? Muss…"

Die ersten zwei Stunden der Tagung bestanden aus bunten Präsentationen der Netzwerkmitglieder des Netzwerk Straßenfußballs, die ihre Arbeit auf verschiedenste Art und Weise darstellten.

Den Anfang machte der Bremer Sportgarten, die anhand einer Power Point Präsentation und zwei kleinen Filmen einen Einblick in ihre Tätigkeit gewährten.

Nach Grußworten der Herren Bartsch und Bergener, setzten sich die Präsentationen fort.

Die wohl authentischste Präsentation lieferten die Kreuzberger Jungs Tolga und Nizo aus Berlin. Sie erklärten mithilfe einer Power Point Präsentation den Straßenfußball-Alltag in Berlin und ihre ganz eigene Probleme: „Es gibt zu wenige Bolzplätze. Die, die vorhanden sind, sind dann auch noch gesperrt. Dann müssen wir halt über die Absperrung klettern und dann kriegen wir Stress mit der Polizei.", beschrieben Tolga und Nizo die unbefriedigende Situation in Berlin.

Die Kölner RheinFlanke wurde stellvertretend von zwei Schauspielerinnen der Porzer Talente präsentiert. Eine der Hauptrollen nahm dabei Geschäftsführer Sebastian Koerber ein, der die Rolle eines respektlosen und unzuverlässigen Jugendlichen, der durch das „Köln kickt-Rezept" zu einem Respektlotsen geformt wird, spielt.

„Die Mädels haben zum ersten Mal vor so einem großen Publikum gespielt. Das haben sie aber wirklich super gemacht.", zeigte sich die Verantwortliche für das Schauspiel der Porzer Talente Aischa-Lina Löbbert zufrieden und stolz.

Die Pforzheimer Bolzplatzliga engagierte extra für das Straßenfußballfestival ein Filmteam und produzierte einen Imagefilm – gepaart mit der sympathischen Anmoderation von Aras, einem

Jugendlichen, der erst seit vier Jahren in Deutschland lebt, eine gelungene Darstellung.

In einer Art Chronik stellten Jens und Nicole die Hamburger Sportjugend dar. Lebendig machten die Präsentationen Live-Töne der Hauptverantwortlichen aus Hamburg.

Kick fair aus Stuttgart – in Person von Mehmet – demonstrierte seine Arbeit, indem er ein Fußballspiel auf der Bühne spontan organisierte. Mit dabei waren der Politologe H.-Georg Lützenkirchen und Experten-Gast Dr. Gunter A. Pilz.

„Ich wusste zu Beginn nicht, ob es klappen würde, aber es war sehr cool von H. Georg und Herr Pilz, dass sie mit auf die Bühne gekommen sind und was gekickt haben.", so Mehmet.

Dass München sowohl in der Bundesliga als auch im Straßenfußball ein Aushängeschild ist, zeigte sich an deren Darstellung ihrer Arbeit. In einem Imagefilm und einer Bildershow konnte das Publikum die besten Szenen seit der Gründung von bunt kickt gut sehen.

Ganz nach dem Motto „das Beste kommt zum Schluss bzw. das Fetzigste kommt zu Schluss" bildete Dynamo Windrad aus Kassel den Schlusspunkt der Präsentationen. Die jugendlichen Vertreter aus der „Stadt der Documenta" produzierten eigens zum Straßenfußballfestival einen Rap über die Stadt Kassel und performten diesen live auf der Bühne und ernteten im Anschluss großen Applaus.

Dr. Gunter A. Pilz lieferte mit seinem Impuls-Referat zur sozialen und gesellschaftspolitischen Rolle und Verantwortung des Fußballs optimale Gesprächsthemen, die im anschließenden Dialog der Generationen eifrig durch diskutiert werden sollten.

„Nun machen wir eine kleine Pause und anschließend wird hoffentlich angeregt zu den Themen Gewalt, Integration, Stolz/Ehre und Respekt/Toleranz diskutiert.", leitete ARD-Sportkommentator Tom Bartels in eine kleine Pause und die darauffolgende Dialogzone über.

Als um 17:30 Uhr der Schlussgong für den Dialog der Generationen läutete, saßen immer noch einige Jugendliche und Experten zusammen und konnten sich kaum aus ihrem Diskussionsdrang lösen.

„Klasse. Anfangs war es etwas schwerfällig, aber nach einiger Zeit – und das auch dank unserer Moderatoren – kamen wirklich interessante und heiße Diskussionen zu Stande. Hätten wir nicht unterbro-

chen, säßen die meisten wohl noch heute Abend hier im Stollwerck und würden über die einzelnen Themen sprechen. Ein Ende hätte es wohl nie gegeben.", beschrieb H.-Georg Lützenkirchen den erfolgreichen Generationendialog.

Bewertung

Der Generationendialog bewies einmal mehr, dass auch vergleichsweise bildungsunerfahrene Jugendliche für ihre Angelegenheiten Verantwortung und Engagement übernehmen können (und wollen).

Motivation und Beteiligung

Die Motivation der Jugendlichen, sich zu beteiligen, war sehr hoch. Ein wichtiger Grund dafür war das Straßenfußballfestival, das als Ereignis einen hohen Stellenwert bei den engagierten Jugendlichen aus den Projekten hat. Es ist ein Höhepunkt in der Straßenfußballsaison.

Reizvoll war für viele Jugendliche die Chance, sich an einem Prozess zu beteiligen, in dem sie einerseits eine fachkundig betreute Bühnenaufführung erleben und mitgestalten konnten und andererseits eine neue Form des Dialogs mit EntscheidungsvertreterInnen und ExpertInnen gestalten konnten. Dass sie dabei die Themen vorgeben und die ExpertInnen nach ihren Regeln einsetzen konnten, steigerte die Attraktivität dieses Engagements.

Trotzdem liegt in dieser doppelten Herausforderung, die der besonderen Situation des Festivals geschuldet war, auch ein Problem: der Anspruch, eine professionelle Bühnendarbietung auf die Beine zu stellen, fordert die ganze Konzentration der Jugendlichen. Die Themenbearbeitung gewissermaßen zusätzlich 'nebenbei' zu leisten, ist nicht möglich. Die Folge dieser Doppelbelastung war, dass sich das Team aufteilte: ein harter Kern blieb bei den Themen und bereitete den Dialog vor.

Dieses Auseinanderdriften der beiden Teile des Generationendialogs in eine mit hohen Ansprüchen versehene kreativ-theatralische Aufführung und ein ebenfalls anspruchsvolles themenbezogenes Setting für den Dialog war ein spezielles Erfordernis im Kontext des Festivals. Es spricht aber für alle Beteiligten, dass sie diese Problematik gemeinsam bewältigt haben. Und in einer Hinsicht zeitigte der Verlauf ein Ergebnis, das durchaus auf andere Situationen zu übertragen ist: die künstlerisch-kreative Arbeit stärkte das Selbstbewusstsein der Teilnehmenden. Mit dieser zusätzlichen 'Stabilität' ließen sich dann auch die Dialoge souveräner bestreiten.

Will sagen: der künstlerisch-kreative Prozess erweitert die Potentiale der Jugendlichen, fördert eine positive Selbstwahrnehmung und stärkt auf diese Weise die Persönlichkeit.

Im Normalfall wird der künstlerisch-kreative Prozess enger und unmittelbarer an die Themenbearbeitung gebunden. Die positive Erfahrung in einem solchen Prozess wirkt sich dann auch auf die Gestaltung des Dialoges aus: zum einen gehen die Jugendlichen ihn selbstbewusster an, zum anderen verschafft der Prozess ihnen auch neue Perspektiven, Einsichten und Kenntnisse zu den Themen, die sie dann in den Dialog einbringen können.[25]

Generationendialog als Methode der politischen Bildung

Der Generationendialog kann als Methode zur Förderung der Beteiligungskompetenzen und -lust von Jugendlichen insbesondere auch mit Kindern und Jugendlichen, die aufgrund ihrer ethnischen Herkunft, ihrer sozialen Situation und/oder fehlender Bildungschancen in dieser Gesellschaft benachteiligt sind, durchgeführt werden. Er kann dazu beitragen, dass gerade auch diese Zielgruppe, die von den sonstigen Programmen und Projekten der politischen Bildung vielfach nicht erreicht wird, befähigt wird, zu aktiven VertreterInnen ihrer Interessen zu werden: auch diese Jugendlichen haben etwas zu sagen!

Gerade im Hinblick auf diese Zielgruppe kommt dem Sport, insbesondere dem Fußball, eine besondere Bedeutung zu: er dient als Initiator und Motivator, um die Jugendlichen anzusprechen und zusammenzuführen. Deshalb wird durch die Zusammenführung des

---

[25] Auch im zweiten Generationendialog, der im großen Saal der Kölner IHK stattfand, 'forderte' die Bühne ein professionelles Bühnenprogramm, was viel Konzentration und Engagement bedeutete. Jedoch war das gesamte Programm von Beginn an eng an die Themenauswahl gekoppelt. Die das Bühnenprogramm gestaltenden Jugendlichen beteiligten sich auch allesamt an den Dialogen.

Generationendialogs als Beteiligungsmethode im Sinne politischer Bildung mit den Aktivierungs- und Unterstützungsangeboten der RheinFlanke eine neue Handlungsperspektive deutlich. Die bewährten niederschwelligen Angebote, mit denen die RheinFlanke aufgrund ihrer Vernetzung, Erfahrung und Glaubwürdigkeit die in Rede stehenden Zielgruppen erreichen kann, schaffen wichtige Grundlagen zur erweiterten Partizipation dieser Jugendlichen.

Neben dem Spaß am Fußball, der die Jugendlichen motiviert, erwerben sie im Spiel und im Team soziale Kompetenzen und erfahren alternative soziale Wirklichkeiten. So lassen sich mit dem Fußball Brücken in die Gesellschaft bauen.

Themenauswahl

Im Kontext des Festivals konnten die Jugendlichen 'ihre' Themen selbst auswählen: Was ist uns wichtig? Worüber wollen wir mit wem diskutieren?

Alternativ ist es auch möglich – und je nach Bedarf auch angemessener – die Themen vorher zu bestimmen. So kann der Generationendialog auch als konkretes Instrument etwa zur Unterstützung eines Sportvereins mit einem Gewaltproblem genutzt werden. In diesem Fall werden die teilnehmenden Jugendlichen aufgefordert, das Thema Gewalt in der beschriebenen Form zu bearbeiten. Die Ergebnisse der künstlerisch-kreativen und inhaltlichen Beschäftigung mit dem Thema werden dann in eine öffentliche Veranstaltung überführt. An dieser Veranstaltung nehmen kommunale/regionale VertreterInnen des politischen, sozialen (und kulturellen Lebens) teil. Mit ihnen diskutieren die Jugendlichen das Thema aus ihrer Perspektive. Durchaus auch im Hinblick auf konkrete Entscheidungen, etwa indem in den Diskursen Vorschläge der Jugendlichen zur Lösung bestimmter Probleme vor Ort aufgegriffen werden. Diese werden im Rahmen eines Zeit- und Aufgabenspeichers festgehalten.

Öffentlichkeit des Dialoges: Nachhaltigkeit

Der Generationendialog wird als öffentliche Veranstaltung geplant und durchgeführt. Eine Einbeziehung der örtlichen/regionale Presse ist anzustreben.

Die Öffentlichkeit ist zunächst Ausdruck der Ernsthaftigkeit. Für die teilnehmenden Jugendlichen ist die Öffentlichkeit eine 'Würdigung' ihrer Anstrengungen. Zugleich ein Ansporn: denn in der Öffentlichkeit wollen sie sich bewähren. Ist zudem noch, wie beim Festival, ein prominenter WDR-Sportreporter als Moderator dabei, so motiviert dies zusätzlich.

Auch im Bezug auf die angestrebte Nachhaltigkeit ist die Öffentlichkeit von Bedeutung. Was hier besprochen wird, lässt sich nachhalten. Es ist nicht beliebig. Man kann die Teilnehmenden auf ihre öffentlich getätigten Aussagen festlegen.

So machen die Jugendlichen auch Erfahrungen in praktischer politischer Interessenvertretung.
Wichtig ist dabei aber, dass diese Erfahrungen begleitet werden. Denn auch der Umgang mit der Öffentlichkeit, die 'Kunst', sie als Multiplikator für die eigenen Interessen zu nutzen, muss erlernt werden. Gelingt es freilich, Einblicke in das Funktionieren von Meinung und Interessenvertretung, Öffentlichkeit und Rolle der Medien zu verschaffen, kann dies die 'Lust' an politischer Beteiligung allein durch das Erlebnis, selber Akteur in diesem Meinungswettkampf zu sein, wecken. In jedem Fall beugt es Vorurteilen gegen ein vermeintlich anonymes System, in dem „die da oben machen, was sie wollen" und man selber „sowieso nichts machen kann", vor.

Zur Nachhaltigkeit gehört es aber auch, den Dialog nicht als einmaliges Ereignis 'verpuffen' zu lassen. Glaubwürdig wird er für die teilnehmenden Jugendlichen nur, wenn er auch Folgen zeigt. Es muss also Vorsorge getroffen werden, dass die Umsetzung der dokumentierten Ergebnisse verfolgt wird. Dies kann beispielsweise durch eine Fortführung des Gesprächs in anderem Rahmen (Runder Tisch, Arbeitsgruppe), durch Formen einer Ergebniskontrolle (was soll bis zu einem bestimmten Zeitpunkt passiert sein?) oder konkreter Aufgabenzuweisung geschehen ('Kümmerer').
Dies bedeutet aber auch eine Verpflichtung der Jugendlichen: sie müssen sich kümmern! Da dies im Normalfall nicht von selbst geschieht, sollte eine ausreichende Betreuung sichergestellt sein.

Die Dialoge

Der Generationendialog bietet in der Kombination von kreativ-künstlerischen und kognitiv-kommunikativen Anteilen sowie als öffentliches Ereignis ein besonders gestaltetes Gesprächsforum. Um in diesem Umfeld, den Dialog tatsächlich in Gang zu bringen, sind einige Voraussetzungen nötig:

- auf die Bereitschaft der 'Erwachsenen', sich auf das Setting einzulassen, wurde bereits verwiesen.
- Die „Themeninseln" machen den Ort des Dialogs im Raum kenntlich. Bei mehreren Themen sind diese deutlich sichtbar gekennzeichnet (Wandzeitung; Banner u.a.). Die Kernaussagen zum Thema, die die Jugendlichen erarbeitet haben, sind zu lesen (Plakate, Projektion u.a.). Eine Stuhlrunde lädt zur Teilnahme am Gespräch ein. Ist zu einem Thema ein Experte/eine Expertin geladen, so sollte vorher vereinbart sein, das diese/r die ganze Zeit des Dialogs anwesend ist. Das gilt auch für die jugendlichen Themenverantwortliche. Auch wenn sie keine originären Moderationsaufgaben übernehmen, 'verwalten' sie doch zunächst den Themenfundus aus der Vorbereitung.
- Um den Dialog anzustoßen ist gegebenenfalls nötig, einen Anstoß zu geben. Das können direkte Fragen der Jugendlichen an den/die ExpertIn sein. Zu verabreden ist dann, wer diese Fragen stellt. Das kann aber auch seitens der Leitung durch eine kurze Anmoderation geschehen. Gegebenenfalls kann aber auch mit den ExpertInnen vereinbart werden, durch ein Impulsreferat das Gespräch zu eröffnen.
- Bei mehreren gleichzeitig laufenden Dialogen, wie es beim Festival der Fall war, sollte die Leitung sich laufend einen Überblick verschaffen, wie die Dialoge laufen. Während des Festivals liefen alle vier Dialoge sehr intensiv und es war nicht erforderlich, etwa in Form eines Beitrags zu intervenieren. Es zeigt sich, dass die ThemenvertreterInnen sehr nah bei ihren Themen waren. Sie waren gewillt, diese intensiv zu diskutieren.
- Es ist natürlich immer möglich, ModeratorInnen für die Dialogrunde zu benennen. Wenn aus Gründen der möglichen Überforderung diese Rolle nicht aus dem Kreis der beteiligten Jugendlichen besetzt werden kann oder soll,

kann dies auch ein 'Erwachsener' übernehmen. Wichtig ist, dass er das Vertrauen der Jugendlichen als Sachwalter ihrer Interessen hat. An der Entscheidung, wer die Moderatorenrolle übernimmt, sind sie beteiligt.

Die Themeninseln

Wie sehr die jugendlichen bereit sind, ihre eigenen Themen zu diskutieren, bewies besonders die Gesprächsrunde zum Thema „Stolz und Ehre". Die beiden Themenvertreterinnen bewirkten durch ihre (weibliche) Sicht, die zudem auch aus sehr persönlichen Erfahrungswelten gespeist war, eine sehr intensive und gerade deshalb teilweise sehr unmittelbare Diskussion in vergleichbar kleinem Kreis. Das Thema konnte so abseits der üblichen Klischees besprochen werden. Teilnehmende Erwachsene berichteten aus dieser Gesprächsrunde, dass die Ehrlichkeit und Ernsthaftigkeit, mit der die Jugendlichen hier diskutierten, sie sehr beeindruckt hätte. Auch wegen der Intensität der Diskussion seien sie die ganze Zeit über bei dieser Diskussionsrunde geblieben. Dass in diesem Fall, die Erwachsenen eher Zuhörende als Diskutierende waren, ist im Sinne der Idee durchaus ein 'gutes' Ergebnis.

Anders lief es bei dem Thema „Integration". Hier waren die jugendlichen Themenverantwortliche vergleichsweise 'offensiv' eingestellt. Es bildete sich eine Konstellation, in der die Jugendlichen 'gegen' anwesende Fachleute zum Thema Migration und Flüchtlinge aus Bundes- und Landesorganisationen (Bundesamt für Migration und Flüchtlinge) argumentieren konnten. Da passte es gut, dass der eingeladene Berliner Sozialwissenschaftler und Autor Gerd Dembowski als moderierender Experte das Gespräch strukturieren konnte. Das Ergebnis war ein intensiv geführtes 'Streitgespräch', bei dem die Jugendlichen vor allem mit ihren alltäglichen Erfahrungen gegen die aus ihrer Sicht 'allgemeinen Aussagen' der Fachleute argumentierten. Auch in dieser vergleichsweise großen Gesprächsrunde gab es kaum Fluktuation, obwohl sie sehr von der 'Konfrontation' und damit auch von 'Wortführern' geprägt war. Die zuhörenden übrigen Jugendlichen und Erwachsenen blieben aber aus Interesse an dieser 'heftigen' Diskussion.

Die größte Gesprächsrunde fand sich zum Thema „Gewalt". An dieser Runde nahm der Experte in Sachen Fußball und Gewalt, Gunter

A. Pilz, der zu Beginn des Generationendialogs ein einführendes Referat zur gesellschaftspolitischen Relevanz des Fußballs gehalten hatte, teil. Durch die Teilnahme eines vergleichsweise prominenten Experten gewann die Runde zusätzliches Interesse. Hier wurde der Dialog sehr sachlich geführt. Die themenverantwortlichen Jugendlichen nutzten die Situation zu Nachfragen. So bildete sich im Vergleich zu den anderen Runden eine eher hierarchische Gesprächssituation. Es dominierte der Experte, der sich Fragen stellte. Aber schon alleine deshalb, weil die fragenden Jugendlichen ansonsten kaum einmal Gelegenheit haben, einen Experten unmittelbar befragen zu können, ist diese Feststellung nicht negativ zu lesen. Im Gegenteil: weil die Jugendlichen sich auf den erwarteten Experten eingestellt hatten, hatten sie ihre Fragen entsprechend vorbereitet. So erfüllte der Dialog hier sehr genau das, was die Jugendlichen sich vorgenommen hatten.

Klein war auch die Gesprächsrunde zum Thema „Respekt und Toleranz". Dieses Thema war bereits während der Vorbereitung als 'problematisches' Thema wahrgenommen worden. Von der Metaebene betrachtet: das Thema war für die Jugendlichen vergleichsweise abstrakt. Die Wahl des Themas war in gewisser Weise eine (unbewusste) Referenz an andere (als ihre eigenen) Erwartungen. Die Begriffe Respekt und Toleranz stehen in diesem Sinne schnell zur Verfügung, ohne dass eigentlich klar ist, was sie bedeuten und vor allem, was die Jugendlichen selbst mit ihnen verbinden. Das bedingt eine gewisse Beliebigkeit im Umgang mit den Begriffen, was auch die Themenverantwortlichen während der Vorbereitung spürten. Umso bemerkenswerter, dass sie während des Dialoges dennoch einen Zugang fanden. Die Runde versuchte die Bedeutung der Begriffe zu hinterfragen. So kam ein ruhiges konzentriert geführtes Gespräch zwischen den Jugendlichen und den wenigen Erwachsenen in dieser Runde zustande.

Im Ergebnis liefen alle vier Dialoge sehr intensiv. Die Zeit verging in den Runden schnell.
Grundsätzlich ist seitens der Leitung darauf zu achten, dass die Dialoge nicht zu lange dauern. Konzentration und Kommunikationskompetenz der Jugendlichen sollten nicht überfordert werden. Deshalb ist eine angemessene Zeitplanung nötig. Während des Festivals war für die Dialoge ein Zeitrahmen von ca. zweieinhalb Stunden incl.

'Auswertung' vorgesehen. Tatsächlich dauerten die Dialoge, die ja erst im Anschluss an die Präsentationen, die länger dauerten als geplant, stattfinden konnten, ca. eine Stunde. Bedenkt man, dass die Jugendlichen zu diesem Zeitpunkt bereits den 'Höhepunkt' Präsentation erfolgreich absolviert hatten, ist es umso bemerkenswerter, dass sie noch einmal die Energie für die Dialoge aufbrachten.

Aufgrund der Begeisterung und Energie der Jugendlichen ließ sich diese kritische Situation bewältigen. Sie verweist aber darauf, das Verhältnis zwischen kreativ-künstlerischer Präsentation und eigentlichem Dialog beim Generationendialog genau zu bestimmen. Das eine darf nicht auf Kosten des anderen stattfinden. Anders als beim Festival, bei welchem die künstlerische Präsentation ganz andere Themenschwerpunkte hatte als die Gesprächsthemen (es ging zuvörderst um die Vorstellung der Projekte und Städte), wird sie ansonsten sehr themenorientiert sein. Sie bereitet also auf den Dialog vor, bzw. ist bereits ein Beitrag zum Dialog.

Die Auswertung kam beim Festival zu kurz. Vor allem die Sicherung der Dialogergebnisse in eine Zeit- und Themenspeicher wurde nicht vorgenommen. Sie gehört aber zum Bestandteil des Generationendialogs.

Literaturhinweise

Arbeitskreis deutscher Bildungsstätten (Hrsg.): mitdenken – mitmachen – mitentscheiden. Partizipation junger Menschen. Wie kann und warum muss Partizipation gelernt werden? Berlin 2003 [CD-ROM]

Aus Politik und Zeitgeschichte, „Partizipation von Kindern und Jugendlichen", H. 44/2001 (im Internet: http://www.bpb.de/apuz/25934/partizipation-von-kindern-und-jugendlichen, Aufruf am 1.3.2012).

Betz, Tanja/ Wolfgang Gaiser/ Liane Pluto (Hrsg.): Partizipation von Kindern und Jugendlichen. Forschungsergebnisse und gesellschaftliche Herausforderungen, Bonn 2011 (Schriftenreihe der bpb, Bd. 1128.

Bundesministerium für Familie, Senioren, Frauen und Jugend (Hg.): Qualitätsstandards für Beteiligung von Kindern und Jugendlichen - Allgemeine Qualitätsstandards und Empfehlungen für die Praxisfelder Kindertageseinrichtungen, Schule, Kommune, Kinder- und Jugendarbeit und Erzieherische Hilfen, Berlin, 2. Auflage 2012 (online abrufbar: http://www.bmfsfj.de/BMFSFJ/Service/Publikationen /publikationsliste,did=161728.html, Aufruf 1.3.2012).

Bertelsmann Stiftung (Hrsg.): Eine Stadt für uns alle.Handbuch zur Entwicklung kommunaler Strukturen für die Jugendbeteiligung, 1. Auflage 2008, mit CD-ROM.

Bertelsmann Stiftung (Hrsg.): Mitwirkung (er)leben. Handbuch zur Durchführung von Beteiligungsprojekten mit Kindern und Jugendlichen, 2. Auflage 2009, mit CD-ROM.

Bertelsmann Stiftung (Hrsg.): Mehr Partizipation wagen. Argumente für eine verstärkte Beteiligung von Kindern und Jugendlichen, 2. Auflage 2007.

Fatke, Reinhard/ Martin Biebricher: Jugendbeteiligung - Chance für die Bürgergesellschaft, in: Aus Politik und Zeitgeschichte, H. 12/2006, S. 24-32 (im Internet:

http://www.bpb.de/apuz/29856/jugendbeteiligung-chance-fuer-die-buergergesellschaft?p=0, Aufruf am 1.3.2012).

Hart, Roger, Children's participation. The theory and practice of involving young citizens in community development and environmental care. Reprinted. New York 1997 (Reprinted).

Lützenkirchen, H.-Georg: „Fußball – Politik – Politische Bildung", in: Praxis Politische Bildung. Materialien – Analysen – Diskussionen, 11.Jg., 1. Vj. 2007 (H. 1/2007), S. 11-16.

Pohl, Axel; Stauber, Barbara; Walther, Andreas: Zur Bedeutung informeller und partizipativer Lernprozesse für die Übergänge junger Erwachsener in die Arbeit. In: Tully, Claus (Hrsg.): Lernen in flexibilisierten Welten. Wie sich das Lernen der Jugend verändert, Weinheim/ München 2006, S. 183-199.

Pohl, Axel; Stauber, Barbara: 'Auf einmal ist dir das nicht mehr egal ...' Motivation und Partizipation in zwei Projekten der Jugendsozialarbeit. In: Stauber, Barbara; Pohl, Axel; Walther, Andreas (Hrsg.): Subjektorientierte Übergangsforschung. Rekonstruktion und Unterstützung biografischer Übergänge junger Erwachsener, Weinheim 2007, S. 201-226.

Anhang

Auswertungsbogen Fußball für Toleranz-Tour (Teamer)

Schule, Klasse:
Geschlecht:
Vorname, Name:
Nationalität:
Alter:
Fußballverein: ( ) ja   ( ) Nein
Berufswunsch:
Hobbies:

1. Warum habt ihr euch dafür entschieden, an der Teamerausbildung teilzunehmen?

_____
_____
_____
_____
_____
_____

2. Was habt ihr von der Teamerausbildung erwartet?

_____
_____
_____
_____
_____

3. Die Erwartungen wurden:
   ( ) erfüllt   ( ) nicht erfüllt   ( ) übertroffen

4. Was habt ihr vor der Ausbildung zum Teamer von Fair-Play im Sport und im Alltag gehalten? Hat sich eure Einstellung durch die Ausbildung geändert?

_____
_____
_____

_____
_____
_____

5. Was fandet ihr besonders interessant? Was hat euch besonders Spaß gemacht?

( ) Ein Turnier selber durchzuführen
( ) Fußball spielen in der Soccerhalle Kautz
( ) Über den Fair-Play-Gedanken und alles was dazugehört diskutieren

6. Wie fandet ihr das Turnier im Allgemeinen? Was könnte man verbessern?

_____
_____
_____
_____
_____
_____

7. Wie habt ihr euch in der Dialogzone gefühlt?
   ( ) sicher   ( ) unsicher   ( ) überfordert

8. Was hättet ihr in der Dialogzone eurer Meinung nach noch besser machen können?

_____
_____
_____
_____
_____
_____

9. Konntet ihr den Schülern den Fair-Play-Gedanken näher bringen?
( ) Ja, die Spieler haben sich von Spiel zu Spiel immer fairer verhalten
( ) Nein, die Spieler hat der Fair-Play-Gedanke nicht interessiert
( ) Ja, aber sie hätten noch fairer spielen können

10. Wie lief die Zusammenarbeit mit den Chefteamern Sandro, Grischa und José? Haben euch ihre Tipps weitergeholfen?

_____
_____
_____
_____
_____
_____

11. Habt ihr euch von Spiel zu Spiel entwickelt? Wenn ja, wie?
( ) Ja, ich bin von Spiel zu Spiel sicherer geworden
( ) Nein, ich habe keine Entwicklung feststellen können
( ) Nachher war ich gar nicht mehr nervös und es hat richtig Spaß gemacht

Evaluationsbogen Teilnehmer

Schule: Katharina Henoth Gesamtschule

Fußball für Toleranz Turnier am : 29.11.2011

ICH BIN
Mädchen ( ) Junge ( ) Alter: _____
Fußballverein : Ja ( ) Nein ( )

1. Wie findest du, dass es keine Schiedsrichter gibt, sondern Teamer aus der 9. und 10. Klasse?
Gut ( )   Sehr gut ( )   Geht so ( )   schlecht ( )

2. Was hältst du davon, dass ihr die Fair-Play Regeln selber aufstellt?
Ich finde das gut ( )
Ich finde es besser wenn die Regeln vorgegeben sind ( )

3. Was hältst du von der Dialog-Zone (Zusätzliche Fair-Play Punkte)?
Find ich gut, weil es wichtig ist, nach dem Spiel über die Fairness zu reden ( )
Finde ich blöd ( )

4. Findest du, dass durch die Fair-Play Regeln fairer Fußball gespielt wird?
Ja ( )   nein ( )
Bitte begründe deine Antwort
_____
_____
_____
_____
_____
_____

5. Hat euch „Fußball für Toleranz" Spaß gemacht?
Sehr viel Spaß ( )   geht so ( )   Fand ich doof ( )

6. Was könnte man Deiner Meinung nach anders machen?

_____

_____

_____

_____

_____

_____

Projektbericht der Fußball für Toleranz Tour[26]

Einleitung

Die Methode "Straßenfußball für Toleranz" wird mittlerweile von vielen Projekten weltweit als Bildungsansatz verwendet. Jungen und Mädchen spielen beim Straßenfußball für Toleranz zusammen in gemischten Teams. Anstelle der Schiedsrichter übernehmen Jugendliche als so genannte Teamer die Rolle eines Mediators. Die Teamer treffen sich in einer Dialogzone am Spielfeldrand mit den Teams. Vor Spielbeginn werden hier Fair-Play-Regeln verhandelt. Nach dem Spiel wird deren Einhaltung gemeinsam diskutiert. In Anlehnung daran werden dann Fair-Play-Punkte verteilt, die genauso viel zählen wie die Punkte für den sportlichen Ausgang des Spiels. In der Dialogzone lernen sie, miteinander zu reden, einander zuzuhören und respektvoll miteinander umzugehen. Des Weiteren wird die gewaltfreie Konfliktlösung erlernt. Dementsprechend lassen sich Lerninhalte und Themenfelder wie Toleranz, Respekt, Dialogfähigkeit, interkulturelles Verständnis, Konfliktfähigkeit, Teilhabe und die Übernahme von Verantwortung ableiten.

Zentrale Maßnahme zur Vermittlung der oben genannten Werte ist das "Mentorenprogramm". Während der Fußball für Toleranz-Tour - die in fünf Schulen ausgetragen wird - sollen Schüler und Schülerinnen durch das Projekt und das Medium Fußball in deren Persönlichkeitsentwicklung gestärkt werden. Die Schüler sollen aktiv eine partizipierende Rolle einnehmen, indem sie den Fair-Play-Gedanken dieser Methode verinnerlichen, vorleben und am Verhalten anderer bewerten.

Insgesamt nehmen fünf Schulen an der Fußball für Toleranz Tour teil: Hauptschule Großer Griechenmarkt, Hauptschule Johann-Amos-Comenius, Hauptschule Kopernikusschule, Gesamtschule Kathatrina Henoth und Gesamtschule Willy-Brandt. Die Rekrutierung der Schulen geschah durch eine Vorstellung der Fußball für Toleranz Tour in der Gesprächsrunde „Kölner Bündnis für Gesundheit". Dort wurde das Konzept vorgestellt und erklärt. Interessierte Schulen konnten sich daraufhin in eine Teilnehmerliste eingetragen.

---

[26]   Der Projektbericht wurde für diese Publikation geringfügig redaktionell bearbeitet.

Ursprünglich sah das Projekt sechs Schulen vor. Die Gesamtschule Stresemannstraße in Finkenberg hat jedoch seine Teilnahme wegen einer unglücklichen Personalsituation zurückgezogen.

Im September 2011 startete die Vorbereitungsphase. Nach der Kontaktaufnahme mit den genannten Schulen, trafen die zuständigen Sportlehrer eine Auswahl an Schülern, die zum Teamer ausgebildet werden sollten.

Vor dem endgültigen Start der Fußball für Toleranz Tour mussten noch einige Rahmenbedingungen geklärt werden. Zunächst mussten wöchentliche Unterrichtszeiten und –orte abgestimmt werden. Zudem musste ein Termin gefunden werden, an dem das große Schulturnier stattfinden sollte, bei dem die Schüler erstmals als Teamer agierten. Für die theoretischen Phasen stellte Projektleiter José Londji Unterrichtsinhalte auf, immer mit dem Ziel, den Unterricht so spannend und lebendig wie möglich zu gestalten.

Operative Phase

Meilensteine:
Start der Unterrichtsreihe
Start der Turnierserie
Endturnier

Anfang Oktober konnte die Fußball für Toleranz Tour dann endliche starten. Pro Schule hieß es nun acht engagierte Jugendliche zu Teamern auszubilden. Die theoretischen Inhalte vermittelte José Londji zusammen mit den beiden RheinFlanke-Azubis Sandro Bergs und Grischa Wirths in vier durchgeplanten Doppelstunden.

1. Doppelstunde: Fair Play und Vorbilder
Die erste Unterrichtsstunde beinhaltete zunächst grundlegende Dinge. Eine obligatorische Vorstellungsrunde machte den Anfang. Gleich im Anschluss startete eine erste Sensibilisierung zum Thema „Fair Play". Grundsätzlich wollte Projektleiter Londji einen ersten Überblick über die Einstellung der Schüler zum Fair Play im Fußball und im Alltag gewinnen: „Was heißt für euch Fair Play? Wie sieht für euch faires Verhalten sowohl auf dem Fußballplatz, als auch im alltäglichen Leben aus? Und wann wart ihr das letzte Mal unfair?"

Zur Veranschaulichung wurden den Schülern zwei Fair-Play-Trailer gezeigt, in denen sich die Profifußballer Oliver Kahn und Paulo Di

Canio beispielhaft fair verhalten haben. Kahn kümmerte sich nach dem gewonnen Champions League Finale um den traurigen Torhüter Canizares des Verlierer Teams, anstatt mit seiner Mannschaft zu feiern. Paulo Di Canio stoppte kurz vor seinem Torschuss ab, da sich der gegnerische Torwart verletzt hatte und vor Schmerzen auf dem Boden lag.

Der Teamer ist ein Vorbild und trägt eine pädagogische Verantwortung, die er durch ein eigenes faires und freundliches Auftreten verkörpern soll. Es ist sehr wichtig, den Jugendlichen speziell in Ausnahmesituation ein Vorbild zu sein. Anstelle von Beleidigungen und körperlicher Gewalt, sollte ein Teamer stets ruhig und sachlich agieren und somit menschliche Größe zeigen. Aus diesem Grund basierte der zweite inhaltliche Input das Thema Vorbild: „Habt ihr selber Vorbilder? Was macht für euch ein Vorbild aus? Findet ihr es wichtig, dass es Vorbilder gibt?"
Speziell zu dieser Thematik sollten die Schüler über die Kopfnuss von Zinedine Zidane im Weltmeisterschaftsfinale 2006 diskutieren, da in diesem Fall ein Vorbild aus dem Bereich des Profifußball nicht fair gehandelt hatte, oder doch?

2. Doppelstunde: Rolle und Aufgaben des Teamers

In der zweiten Doppelstunde lag der Fokus darauf, den Schülern die Rolle und die Aufgaben des Teamers während eines Turnieres näher zu bringen.

Vor Beginn eines Spiels kommen die beiden Teams in der Mitte des Platzes zusammen, schlagen ihre eigenen Fair-Play-Regeln vor und legen sie fest. Die Aufgabe des Teamers besteht darin, die festgesetzten Regeln zu notieren und während des Spielverlaufs auf die Einhaltung derer zu schauen. Hierzu Neben den aufgestellten Fair-Play-Regeln der Teams, herrschen beim „Straßenfußball für Toleranz" Grundregeln, die sowohl auf als auch neben dem Fußballplatz eingehalten werden sollen:

- Respekt gegenüber Gegnern, Schiedsrichtern, Mitspielern und Zuschauern
- Keine Beleidigungen – Kein Streit im eigenen Team – Kein Zeitspiel
- Shake-Hands nach einem Foulspiel – keine absichtlichen

Foulspiele

Nach dem Ende des Spiels, begeben sich die beiden Mannschaften in die „Dialogzone" – hier erklärt zunächst der Teamer seine Sicht der Dinge im Bezug auf das Einhalten der Fair-Play-Regen und das fußballerische Verhalten. Im Anschluss dessen entsteht eine argumentative Diskussion über strittige Szenen während des Spiels. Der Teamer nimmt in diesem Fall die Rolle des Moderators ein. Die beiden Mannschaften vergeben im Anschluss an die Diskussionen die Fair-Play-Punkte für das jeweils gegnerische Team. Der schlussendliche Entscheid liegt in den Händen des Teamers.

In der Dialogzone und während der Beobachtung des Spiels sind folgende Kompetenzen vom Teamer gefragt:

- Aufmerksamkeit, Redegewandtheit
- Analyse und Reflexionspotenzial
- Moderationsfähigkeit
- Fußballerisches Basiswissen und Fingerspitzengefühl

„Die zweite Doppelstunde dient dazu, den Schülern den Ablauf eines Turnieres und die Aufgaben des Teamers zu erklären. Dabei kennen wir natürlich aus der Erfahrung heraus viele kleine Tipps.", erläutert Londji das Ziel der zweiten Unterrichtseinheit.

3. Doppelstunde: Fragen zum Teamer

„Heute werden wir euch testen. Und zwar habt ihr die Aufgabe, die folgenden 15 Fragen, die sich allesamt mit der Rolle und den Aufgaben des Teamers beschäftigen, zu lösen.", eröffnete José Londji die dritte Doppelstunde.

Um die Theorie der letzten Stunden nochmal einmal zu vertiefen, wurde jedem Schüler ein Teamerskript ausgeteilt. Anhand dieses Skriptes konnten die Schüler alles bereits Erlernte nachlesen, um zunächst den Test zu bestehen und anschließend in der vierten Doppelstunde die Theorie in die Praxis umsetzen. Die Fragen für den Test stellte RheinFlanke-Azubi Grischa Wirths zusammen.

4. Praktische Übungen

In der vierten Doppelstunde durften die Schüler nun erstmalig als Teamer agieren. Hierzu organisierte man ein Mini-Turnier innerhalb der Schule. Eigene Erfahrung als Teamer zu sammeln sind sehr wichtig und steigern die Qualität der Schüler. Zudem war die Situation, eigene Mitschüler zu teamen für den Anfang eine gute Sache. So waren sie Schüler weniger nervös und unsicher, sondern konnten sich auf das Wesentliche konzentrieren. Nach dem 45-minütigen Turnier diente eine abschließende Diskussions- und Reflexionsrunde dazu, den Schülern sowohl positive als auch negative Vorgehensweisen zu erklären und Tipps zur Verbesserung zu geben.

Ausflug in die Soccerhalle Kautz

Ein Highlight der Fußball für Toleranz Tour stellte ohne Zweifel das Zusammentreffen aller Teamer der fünf teilnehmenden Schulen in der Soccerhalle Kautz dar. Der Event in der Soccerhalle diente zwei Dingen. Zum einen sollten sich die zahlreichen Teamer aus den verschiedenen Schulen näher kennen lernen. Zum anderen war es die letzte Möglichkeit für die Schüler, vor den einzelnen Turnieren in ihren Schulen als Teamer auf Probe zu arbeiten.
Spontan wurde ein kleines Mini-Turnier organisiert aus gemischten Mannschaften - männlich und weiblich und Schüler aus verschiedenen Schulen. Nach jedem Spiel sollten sich beide Mannschaften in die Dialogzone begeben, um dort über das Spiel zu diskutieren. Abwechselnd wurde die Dialogzone von verschiedenen Schülern geleitet. Gespielt wurde – wie bei den Schulturnieren - nach den Fußball für Toleranz Regeln.

Fazit der Unterrichtseinheit

Zu Beginn der ersten Unterrichtseinheit zeigten sich die Schüler teils ahnungslos und teils meinungslos bezüglich der Fair-Play Thematik. Trotzdem erwiesen sich die Jungs und Mädchen aus den neunten und zehnten Klassen als interessiert und aufmerksam – auch bei eher theoretischen Einheiten.
Zudem bestachen die Schüler durch Pünktlichkeit, Zuverlässigkeit und eine gute Mitarbeit während Diskussionsrunden, aber auch bei Einzelarbeit – allesamt wichtige Eigenschaften für die Vorbildrolle als Teamer.
Im Laufe der Unterrichtseinheiten konnte man eine Interessenentwicklung der angehenden Teamer feststellen. Was vor Beginn der Fußball für Toleranz Tour als interessant empfunden wurde, war nun interessanter und spannender geworden.

„Anfangs habe ich mir kaum Gedanken über faires Verhalten im Sport und im Alltag gemacht. Jedoch hat sich das, vor allen Dingen durch die Thematisierung von Fair Play und Vorbildern, jetzt geändert beziehungsweise entwickelt. Man nimmt viele Dinge ganz anders wahr.", äußerte sich ein Schüler der Katharina-Henoth-Gesamtschule.

Viele Schüler wurden in Charaktereigenschaften wie Selbstsicherheit und Offenheit gestärkt.

Zudem erwies sich das feste Ziel, ein Turnier in der eigenen Schule als Teamer und Vorbild zu leiten, als zusätzlicher Motivationsschub.

Als ein Highlight der Fußball für Toleranz Tour wurde der gemeinsame Ausflug aller Teamer aus den fünf Schulen in die Soccerhalle Kautz bewertet. Den Schülern gefiel es in der schönen Halle zusammen Fußball zu spielen und die anderen engagierten Jugendlichen kennen zu lernen.

Nach den einzelnen Schulturnieren zeigten einige Schüler ihr Interesse an einer Weiterarbeit als Teamer für die RheinFlanke bei deren zahlreichen Events im Jahr. Der Erhalt eines Zertifikats, das die bestandene Ausbildung zum Teamer bestätigt, erfreute die Schüler.

Die Evaluation anhand eines Fragebogens ergab zudem zufriedenstellende Ergebnisse. Auf die Frage, ob die Erwartungen der Teamer erfüllt wurden, gab es folgende Antworten:
- 65% erfüllt
- 19% übertroffen
- 16% nicht angegeben.

Die Turniere

24.11.2012
Willy-Brandt Gesamtschule in Köln- Höhenhaus

29.11.2012
Katharina-Henoth Gesamtschule in Köln-Höhenberg

9.12.2012
Johann-Amos-Comenius Hauptschule in Köln-Porz

12.12.2012
Kopernikusschule Hauptschule in Köln-Porz

21.12.2012
Großer Griechenmarkt Hauptschule in Köln-Südstadt

Der Morgen vor einem Mittagsturnier beginnt für das RheinFlanke-Team bereits früh, denn es heißt, das ganze Material für einen reibungslosen Turnierablauf einzuräumen.
Am Austragungsort angekommen wurde der Aufbau des Soccercourts vom technischen Leiter der RheinFlanke Oleg Morozov geleitet. Tatkräftige Unterstützung erhielt das Team dabei von den Teamern der jeweiligen Schule.

Nach dem Aufbau gab es jeweils eine kurze Einweisung in die Vorgehensweise und Aufgabenverteilung während des Turniers durch José Londji und Andreas Müller.
Die teilnehmenden Mannschaften trafen eine Stunde vor Turnierstart in den einzelnen Sporthallen ein.
Die Fußball für Toleranz Turniere starteten offiziell mit der Ansprache des Projektleiters. Kurz erläuterte er den Spielmodus, sodass alle Mannschaften über den Turnierablauf informiert waren. Nach einer kurzen Vorstellung des RheinFlanke-Teams und der ausgebildeten Teamer richtete sich die Aufmerksamkeit der Schüler auf die zu gewinnenden Preise.
Auf die obligatorische Begrüßungsrede folgte die Verkündung des Spielplans und damit des jeweils ersten Spieles.
Nach jedem Spiel trafen sich die beiden gegnerischen Mannschaften in einem externen Raum zur Dialogzone. Dort entstanden spannende Diskussionen über das Fair-Play-Verhalten der einzelnen Mannschaften. Verantwortlich für einen produktiven Dialog waren acht ausgebildete Teamer aus den jeweiligen neunten und zehnten Klassen der Schulen. Moderieren, Bewerten, Beruhigen und Entscheiden – all das waren ihre Aufgaben.
Parallel zur Punktevergabe in der Dialogzone lief das folgende Spiel, sodass keine Zeit verloren ging, sondern vielmehr ständig im Soccercourt Fußball gespielt wurde.
Nachdem der Dialog der Mannschaften zu Ende war und die Fair-Play-Punkte der beiden Teams feststanden, gab es wertvolle Tipps der Chefteamer für die frisch ausgebildeten Teamer aus der neunten und zehnten Klasse:
„Das Ziel der Feebacks war, den Schülern zum einen Lob, aber zum anderen auch Verbesserungsvorschläge zu geben, die sie dann auch

sehr gut umgesetzt haben. Ich denke auch, dass die Jungs und Mädels sich durch unsere Tipps entwickelt und verbessert haben.", beschreibt Sandro Bergs Sinn und Zweck des Feedbacks. Abgerundet wurden die einzelnen Events durch feierliche Siegerehrungen.

Anschließend galt es nun sämtliches Material, und vor allen Dingen den Soccercourt abzubauen. Dazu konnte sich das RheinFlanke-Team auf die Hilfe der engagierten Teamer verlassen.

Fazit der Turniere:

Die Fußball für Toleranz Tour nahm ein erfolgreiches Ende am 2.2.2012 beim großen Endturnier.

Rückblickend konnte man sich über sehr engagierte Schüler erfreuen, die dem Unterricht durchweg aufmerksam und interessiert folgten und sich aktiv beteiligten. Zudem erwiesen sich die angehenden Teamer als lernbereit und sehr fleißig, sowohl im Unterricht, als auch bei den Schulturnieren. Folgerichtig konnte man innerhalb der drei Monate andauernden Fußball für Toleranz Tour große Entwicklungen bei den jungen Schülern feststellen. Im Laufe der Tour hegten einige Teilnehmer Interesse daran, auch zukünftig bei Turnieren der RheinFlanke als Teamer zu arbeiten.

„Jeder Schüler und jede Schülerin hatte bei den ersten Spielen, die sie leiteten, Probleme in verschiedenen Bereichen. Teilweise wurde zu leise und undeutlich gesprochen. Manche Teamer haben wichtige Bestandteile in der Dialogzone vergessen oder falsch angewandt. Zudem hätte man häufig konsequenter in der Punktevergabe sein müssen.", äußerte sich José Londji zu den anfänglichen Schwierigkeiten der jungen Teamer.

Mit fortsetzender Dauer der Turniere konnten die Chefteamer jedoch eine positive Entwicklung der Teamer feststellen. Diese entstand zum einen durch die wachsende Erfahrung von Spiel zu Spiel und zum anderen durch hilfreiche Tipps der genannten RheinFlanke-Mitarbeiter.

Aus anfänglich schüchternen Schülern wuchsen offene, selbstbewusste und selbstsichere Teamer. Es wurde klar und deutlich gesprochen. Die Nervosität hatten die Schülerinnen und Schüler abgelegt. Weiterhin entwickelten die Teamer ein gewisses Fingerspitzengefühl für den Umgang mit den Spielern. Knifflige Situationen wurden teils sehr souverän gelöst. Dies lag zum großen Teil daran, dass die Teamer es mit der Zeit schafften die Spiele über die gesamte Spieldauer sehr genau zu beobachten, was den Schülern zu Beginn nicht so gut gelang.

Anfangs wurden Äußerungen von unzufriedenen Spielern angehört, aber nicht weiter vertieft. Durch die wachsende Erfahrung der Teamer zeigten sie mehr und mehr das richtige Verhalten und gingen sensibler auf die Reaktionen der Spieler in der Dialogzone ein.

Die Auswertung eines Fragebogens und die Nachbesprechung mit den Teamern ergaben einige Erkenntnisse.

Die Schüler fühlen sich durch die Teamerausbildung selbstbewusster und selbstsicherer, neue Erfahrungen wurden gesammelt und Jugendliche in selben Alter kennen gelernt. Zudem brachte die Tour neben allem Ernst auch viel Spaß. Der Besuch in der Soccerhalle Kautz wurde von vielen Schülern als Highlight gewertet.

Evaluation der Teamer

Die ersten Spiele leiteten die Teamer zwar gut, zeigten jedoch auch noch einige Schwächen, die hauptsächlich mangelnder Erfahrung und Nervosität zuzuschreiben sind. Beispielsweise traten manche Schüler unsicher und nervös auf. Die Folge waren undeutliche und unklare Ansagen. Zudem vermisste man als Außensteher konsequente Entscheidungen. Der Blickkontakt zu den Spielern fehlte häufig. Außerdem gingen die Teamer zu selten auf Äußerungen der Spielerinnen und Spieler ein. Dadurch gestalteten sich die Diskussionen in der Dialogzone als zu kurz.

Die Erwartungen der Neunt- und Zehntklässler waren unterschiedlich: Vorbild sein, Neues ausprobieren, neue Erfahrungen sammeln, Teamarbeit näher kennen lernen. Viele Schüler nahmen an der Teamerausbildung teil, um einmal selbstständig ein Turnier leiten zu können. Ein Viertel der Jungen und Mädels hatten jedoch keine großen Erwartungen und ließen sich vom Verlauf überraschen.

Ein erfreuliches Ergebnis lieferte die Bewertung der Frage, ob die Erwartungen der Schüler erfüllt, übertroffen oder gar nicht erfüllt wurden. Mehr als 2/3 der Erwartungen der befragten Teamer wurden erfüllt, 20% wurden sogar übertroffen und kein Teilnehmer war so enttäuscht von der Tour, sodass die Erwartungen nicht erfüllt wurden.

Zufrieden stellte auch die Frage nach dem veränderten Fair-Play-Verhalten der Schüler durch das Prinzip des Fußball für Toleranz. 60% aller Spieler und Spielerinnen verhielten sich fairer, weil der Fair-Play-Gedanke eine derart gewichtige Rolle in der Fußball für Toleranz Tour einnahm. Dieses Ergebnis zeigt die Wirkung der Methode. Da die Fair-Play-Punkte mit den Ergebnispunkten zusammengerechnet werden, müssen sich alle Mannschaften fair verhalten, um eine Chance auf den Turniersieg zu haben.

Aufgrund von steigender Erfahrung und hilfreichen Tipps der Rhein-Flanke-Chefteamer fühlten sich circa 60% der Teamer von Spiel zu Spiel sicherer. Circa 40% entwickelten sich von nervösen Teamern zu selbstsicheren Teamern, denen es richtig Spaß gemacht hat, selbstständig ein Turnier zu leiten.

Dieses Ergebnis bestätigt den Einsatz der Chefteamer und die Persönlichkeitsentwicklung, die die jungen Schüler durch die Teamerausbildung durchlaufen haben.

44% der teilnehmenden Schüler waren weiblich und 56% männlich. Das zeigt, dass die Methode Fußball für Toleranz für beide Geschlecht anwendbar ist.

Die Fußball für Toleranz Tour wurde mit Schülern aus insgesamt zehn verschiedenen Nationen durchgeführt. Auch aufgrund dieser Vielfältigkeit lassen sich durch die Ausbildung zum Teamer sehr gut Werte vermitteln wie Toleranz, Respekt, Anpassungsfähigkeit. Der multikulturelle Aspekt macht Diskussion und Ansichten speziell zum Thema Fair-Play und Vorbilder im Sport und Alltag sehr viel spannender durch die unterschiedlichen Kulturen.

Der Spieler/innen:

Die Methode Fußball für Toleranz fand sehr positiven Anspruch bei den Spielerinnen und Spielern. 58% fanden das System, ohne Schiedsrichter, dafür mit Teamer zu spielen, sehr gut. 29% halten die Methode für gut. Lediglich 13% der Teilnehmer waren nicht wirklich begeistert von der Idee, ohne Schiedsrichter zu spielen, Deuten kann man daraus, dass die Spieler die ihnen übertragene Eigenverantwortung für gut empfinden.

97% der Spieler halten die Dialogzone für sinnvoll. Die Diskussionen nach dem Spiel über das Verhalten der Mannschaften während der Partie finden sie sehr wichtig.

Das zeigt, dass die Jugendlichen den Fair-Play-Gedanken schon nach kurzer Zeit sehr verinnerlicht haben und nach den einzelnen Spielen über Verstöße zu sprechen.

85% unterstützen die These, dass durch die Fair-Play-Regeln fairer Fußball gespielt wird.

Da auf das Fair-Play sehr viel Wert gelegt wird und die fußballerisch beste Mannschaft nur gewinnen kann, wenn sie zudem fairen Fußball spielt, sind die Partien durchweg fairer. Außerdem ermöglicht die Methode auch fußballerisch schlechteren Mannschaften, Punkte zu sammeln.

Die Mehrheit der Spieler waren von der Fußball für Toleranz Tour begeistert – 80%. Lediglich 20% waren eher unzufrieden – was aber eher auf mangelnden Erfolg während der Turniere zurückzuführen ist. Wieder einmal zeigt sich, dass die Organisation von Turnieren für Jugendliche Sinn macht. Zum einen bietet der köln kickt Soccercourt eine besondere Atmosphäre und zum anderen können die Spieler ein professionell durchgeführtes Turnier gewinnen und Siegerpokale mit nach Hause nehmen. Zudem kommt die Methode Fußball für Toleranz besonders bei den den fußballerisch eher unbegabten Spielern sehr gut an, da diese sich unter anderem durch faires Verhalten auf und neben dem Platz zusätzlich Punkte sichern können.

Schlussfazit über die Tour

Hohe Ziele hatte sich Projektleiter José Londji im Vorfeld der Fußball für Toleranz Tour 2011 gesetzt.

Es sollte eine merkbare Persönlichkeitsentwicklung der zu Teamer auszubildenden Schülern stattfinden. Dies gelang in den meisten Fällen. Die anfangs eher schüchternen und meinungslosen Schüler entwickelten sich zu offenen, selbstbewussten und selbstsicheren Teamern. Darüber hinaus steigerten sie sich in der Redegewandtheit und Moderationsfähigkeit – zwei wichtige Kernkompetenzen, die während der Dialogzone gefragt waren. Zudem gelang es ihnen, sich über ein komplettes Spiel lang zu konzentrieren und aufmerksam das Spiel zu beobachten.

Durch die Fußball für Toleranz Tour wurde die Methode Fußball für Toleranz in fünf weiteren Schulen verbreitet und dort erfolgreich angewandt. Die sich aus der Evaluation ergebenen Erkenntnisse stellten den Projektleiter sehr zufrieden. 85% der Spieler waren der Meinung, dass durch die Methode fairer Fußball gespielt wurde. 85% der Spieler fanden es zudem gut, dass ohne Schiedsrichter und mit Teamer gespielt wurde. Die Dialogzone empfanden nahezu alle Teilnehmer produktiv, da es wichtig war, nach den Spielen über die Geschehnisse zu sprechen – speziell mit Hinblick auf das Fair-Play-Verhalten der Spieler. Dass 80% der Spieler Spaß hatten während der Tour war ein angenehmer Beigeschmack.

Nicht nur das große Endturnier am 2.2.2012 brachte Schüler aus insgesamt fünf Schulen aus verschiedenen Stadtteilen Kölns zusammen, sondern auch ein gemeinsames Kicken in der Soccerhalle Kautz mit allen ausgebildeten Teamern sorgte für eine Zusammenkunft vieler Jugendlicher aus vielen verschiedenen Schulen und Nationen (siehe Evaluation).

Insgesamt 40 Schüler aus den neunten und zehnten Klassen Kölns wurden intensiv für die Themen Fair-Play und Vorbilder sensibilisiert. Waren viele Teilnehmer zu Beginn der Unterrichtseinheiten noch eher meinungslos, entwickelten sie während der Fußball für Toleranz Tour eigene Ansichten zu den behandelten Inhalten. Dabei nutzte Projektleiter Londji das Medium Fußball als Übergang zu fairem Verhalten im Alltag. Der spannende Unterricht, der häufig durch Praxiseinheiten und Videomaterial ausgeschmückt wurde, führte zu einer stetigen Steigerung der Unterrichtsbeteiligung und zur Meinungsbildung der Schüler. Es wurde sich mehr Gedanken gemacht, was im alltäglichen Leben alles fair und unfair ist. Das Verhalten von prominenten Vorbildern – wie beispielsweise Zinedine Zidane – wurde kritischer beäugt und bewertet.

Während der Teamerausbildung wurde bei einigen Schülern das Interesse geweckt, auch zukünftig für die RheinFlanke auf Turnieren als Teamer zu arbeiten. Dazu erhielten nahezu alle Jugendliche ein Zertifikat für die abgeschlossene Teamerausbildung. Die Turniere zeigten zudem, dass viele Schüler großes Talent für die Aufgabe als

Teamer mitbrachten und somit auf Events der RheinFlanke eine gute Unterstützung sein können.

Ein Kommunikationsmodell

Themenzentrierte Interaktion (TZI)

"Nicht alles was echt ist, will ich sagen, doch was ich sage, soll echt sein...". (Ruth Cohn, geb. 27. August 1912 in Berlin, gest. 2010 in Düsseldorf)

Nach dem Modell der Themenzentrierten Interaktion ist eine Kommunikation erfolgreich, wenn es gelingt ein ausgewogenes Gleichgewicht zwischen drei Faktoren herzustellen:

1. ICH (das einzelne Individuum)

2. WIR (die Gesprächsteilnehmer/ die Gruppe)

3. THEMA/ oder ES (der Anlaß des Zusammentreffens der Gesprächsteilnehmer).

Veranschaulichen lässt sich das Modell im Bild des gleichschenkligen Dreiecks.

Das Modell gilt für alle denkbaren Gesprächssituationen, sei es eine Gremiensitzung, eine Mannschaftsbesprechung, eine private Unterredung oder anderes.

Regeln (nach Ruth Cohn)

Um das ausgewogene Gleichgewicht zu erreichen und zu erhalten, gibt es Regeln, die hilfreich sein können. Es geht nicht darum, jede Regel in jeder Situation zu beachten. Wenn viele Personen an der Kommunikationssituation beteiligt sind, kann es z.B. wichtig sein, auf die Regel 7 zu achten, während in einer Arbeitsgruppe die Regel 3 wichtig ist. Die Regeln dienen als Orientierung.

Regel 1	Jeder ist für sich verantwortlich!
Regel 2	Sprich per „Ich" und nicht per „man" oder „wir"!
Regel 3	Beachte Störungen!
Regel 4	Leite Fragen dadurch ein, dass Du erklärst, warum Du sie stellst!
Regel 5	Sprich die Gesprächspartner direkt an!
Regel 6	Beachte Deine Körpersignale und die der anderen!
Regel 7	Es kann immer nur einer zur gleichen Zeit reden!
Regel 8	Gib dem anderen eine Rückmeldung, wenn Du dich von seinem Verhalten gestört fühlst!
Regel 9	Höre zu, wenn Du eine Rückmeldung erhältst!
Regel 10	Experimentier mit Deinem Verhalten. Bleibe lernfähig!

Textnachweise

Der Text „Modell 1. Spielen und Verantwortung: Fußball für Toleranz" ist eine für diese Publikation überarbeitete Fassung der Projektdokumentation.

Der Text „Modell 2. Vom Spiel zur Teilhabe: Der Generationendialog" beruht auf der Projektdokumentation über das 7. Straßenfußballfestival des Netzwerks Straßenfußball in Köln, das im September 2011 stattfand. Er wurde für diese Publikation überarbeitet und aktualisiert.

Beide Texte sind Erstveröffentlichungen.